Entscheidungen treffen

Schnell, sicher, richtig

Dr. Matthias Nöllke

STS Verlag

Die Deutsche Bibliothek – CIP-Einheitsaufnahme

Nöllke, Matthias:
Entscheidungen treffen: schnell, sicher, richtig / Matthias Nöllke. – Planegg : STS-Verl., 2001
(STS-TaschenGuide ; Bd. 51)
ISBN 3-86027-396-5

ISBN 3-86027-396-5
Bestell-Nr. 00656-0001

ein Unternehmen der Haufe Mediengruppe
Postanschrift: Postfach 13 63, 82142 Planegg
Hausanschrift: Fraunhoferstraße 5, 82152 Planegg
Fon (0 89) 8 95 17-0, Fax (0 89) 8 95 17-2 50
E-Mail: online@haufe.de,
Internet: http://www.haufe.de, http://www.taschenguide.de
Lektorat: Dr. Ilonka Kunow, Gisela Fichtl, München

Satz + Layout: Satzstudio »Süd-West« GmbH, 82166 Gräfelfing
Umschlaggestaltung: Agentur Buttgereit & Heidenreich, 45721 Haltern am See
Cartoons: Baaske Cartoon, 80803 München, Michael Amman, Karl-Heinz Brecheis, Oswald Huber (2), Jules Stauber, Jan Tomaschoff
Druck: J. P. Himmer GmbH & Co. KG, 86167 Augsburg

TaschenGuides – alles, was Sie wissen müssen

Für alle, die wenig Zeit haben und erfahren wollen, worauf es ankommt. Für Einsteiger und für Profis, die ihre Kenntnisse rasch auffrischen wollen.

Sie sparen Zeit und können das Wissen effizient umsetzen:

Kompetente Autoren erklären jedes Thema aktuell, leicht verständlich und praxisnah.

In der Gliederung finden Sie die wichtigsten Fragen und Probleme aus der Praxis.

Das übersichtliche Layout ermöglicht es Ihnen sich rasch zu orientieren.

Anleitungen „Schritt für Schritt", Checklisten und hilfreiche Tipps bieten Ihnen das nötige Werkzeug für Ihre Arbeit.

Als Schnelleinstieg die geeignete Arbeitsbasis für Gruppen in Organisationen und Betrieben.

Besuchen Sie uns im Internet: www.taschenguide.de

Hier finden Sie Arbeitsmittel zum Downloaden und können Ihre Meinung direkt an die TaschenGuide-Redaktion mailen. Wir freuen uns auf Ihre Anregungen.

Ihr STS Verlag
Fraunhoferstraße 5 – 82152 Planegg
Fon 0 89 / 8 95 17-2 22
Fax 0 89 / 8 95 17-2 90

Inhalt

Vorwort

Ständig müssen wir uns entscheiden. Beruflich und privat. Das fällt uns nicht immer leicht, denn in vielen Fällen können wir nicht absehen, welche Folgen unsere Entscheidung haben wird. Dabei kann gerade von solchen Entscheidungen sehr viel abhängen, unser beruflicher Erfolg, das Wohlergehen unserer Mitmenschen oder unsere ganz persönliche Zufriedenheit.

Es gibt also kaum etwas Wichtigeres, als die richtige Entscheidung zu treffen. Nur wie gelingt das? Oder wie können Sie zumindest das Risiko minimieren, eine folgenschwere Fehlentscheidung zu treffen?

Hier möchte Ihnen unser TaschenGuide helfen. Sie erfahren, wie Entscheidungen zustande kommen, wo unser Denken blinde Flecken hat und wie sich das auf unsere Entscheidungen auswirkt. Wann ist es sinnvoll, aus dem Bauch heraus zu entscheiden, und worauf müssen Sie bei komplexen, schwierigen Entscheidungen achten? Sie lernen verschiedene Entscheidungstechniken kennen und bekommen viele praxisnahe Tipps, wie Sie Ihre Entscheidungskompetenz verbessern können. Sie müssen sich jetzt nur noch entscheiden, diesen TaschenGuide zu erwerben.

Dr. Matthias Nöllke

Einfach richtig entscheiden

Entscheiden Sie sich oft voreilig? Unter Druck? Oder schieben Sie Entscheidungen eher auf die lange Bank? Haben Sie manchmal das Gefühl, das war gar nicht Ihre Entscheidung? Hier erfahren Sie, wie Sie verdeckten Zielen, Manipulation und anderen Entscheidungsfallen auf die Spur kommen.

Wie entscheiden wir uns?

„Wenn man nicht weiß, was man tun soll,
tue man das Richtige."
Mark Twain

Sie treffen jeden Tag eine Vielzahl von Entscheidungen. Manchmal werden Sie sich dessen nicht einmal bewusst. Innerhalb kürzester Zeit legen Sie fest, was zu tun ist, und setzen Ihre Entscheidung in die Tat um.

Vielleicht stehen Sie ja gerade in einem Buchladen, haben dieses Buch aufgeschlagen und müssen nun eine Entscheidung darüber fällen, ob Sie es kaufen oder wieder ins Regal zurückstellen. Wie gehen Sie dabei vor? Wie gelangen Sie zu Ihrer Entscheidung? Und treffen Sie die richtige Entscheidung?

Beispiel

Sie haben dieses Buch in die Hand genommen und mit dem Lesen begonnen. Innerhalb der nächsten zwei Minuten werden Sie entschieden haben, ob Sie es kaufen, vermutlich aber schon eher. Ihr zeitliches Limit setzen Sie sich nicht bewusst. Sehr schnell können Sie sagen, ob Sie das Thema interessiert und ob die Art, wie der Autor schreibt, Ihnen gefällt oder nicht.

Dazu müssen Sie Probe lesen. Sie beginnen mit den ersten Seiten, blättern weiter und nehmen sich einen Abschnitt in der Mitte des Buches vor. Sagt es Ihnen zu? Dann gibt Ihnen ein Blick in das Inhaltsverzeichnis näheren Aufschluss, was Sie in dem Buch erwartet. Vermag der Inhalt Ihr Interesse zu wecken, schauen Sie auf den Preis. Vermutlich fällt jetzt die Entscheidung. Vielleicht schlagen Sie noch einmal sicherheitshalber eine Seite gegen Ende des Buches auf. Auch akzeptabel? Dann gehen Sie ruhigen Gewissens zur Kasse.

Treffen Sie die richtige Wahl

Jede Entscheidung zielt darauf ab, einen unklaren Zustand zu beenden. Es geht um Klärung, um „Entschiedenheit". Sie treffen eine Auswahl. Dabei werden Alternativen, die eben noch im Bereich des Möglichen lagen, verworfen.

In unserem Beispiel sind Sie intuitiv einer bestimmten, in diesem Fall sehr effizienten Entscheidungsstrategie gefolgt, dem „K.-o.-System" (siehe Seite 100): Erweist sich eine Handlungsalternative in einer bestimmten Hinsicht als untauglich, scheidet sie sofort aus. Haben Sie an dem Thema kein Interesse, nehmen Sie das Buch gar nicht erst in die Hand. Schreckt Sie bereits die Einleitung ab, stellen Sie das Buch wieder zurück und wenden sich einem anderen Buch zu. Ein Buch weiter durchzumustern, das Sie bereits „abgehakt" haben, wäre pure Zeitverschwendung.

■ Mit einer Entscheidung legen Sie sich fest und sorgen für Eindeutigkeit. Das ist eine ganz zentrale Leistung von Entscheidungen. Dadurch werden Sie entlastet. Über Alternativen, die Sie nicht gewählt haben, brauchen Sie nicht mehr nachzudenken. ■

Stehen Sie zu Ihrer Entscheidung

Wer immer nur auf Nummer sicher gehen möchte, riskiert entscheidungsunfähig zu werden. In vielen Fällen ist es gar nicht so wichtig, dass Sie die beste Option ermitteln, sondern dass Sie mit vertretbarem Aufwand überhaupt eine akzeptable Lösung herbeiführen, auch auf die Gefahr hin, dass es bessere gibt.

Beispiel
Familie Schuster sucht ein Haus. Herr und Frau Schuster informieren sich und beschließen, ein Haus zu kaufen. Nach einem halben Jahr haben sie ein passendes Objekt gefunden. Kaufpreis 500.000 DM. Für Schusters akzeptabel. Einziger Nachteil: Der Weg zu Herrn Schusters Arbeitsstelle ist recht weit. Aber auch damit kann sich Herr Schuster arrangieren. Die Familie erwirbt das Objekt und ist damit recht zufrieden. Ein Jahr später erfahren sie zufällig davon, dass ein anderes Haus angeboten wird: mit größerem Garten, in unmittelbarer Nähe zu Herrn Schusters Arbeitsstelle und für 450.000 DM.
Das ist zwar ärgerlich für Schusters. Ihre damalige Entscheidung war dennoch vernünftig, denn niemand konnte das spätere Angebot voraussehen. Hätten Schusters damals nicht gekauft, um abzuwarten, ob sich nicht doch noch etwas Besseres findet, dann stünden sie jetzt vor dem gleichen Problem. Vielleicht findet sich in nächster Zeit ein Objekt mit besserer Anbindung an den öffentlichen Nahverkehr?

Die perfekte Option gibt es in der Regel nicht, häufig erscheinen Ihnen die Alternativen gleichwertig. Gerade dann müssen Sie mit Ihrer Entscheidung für Klarheit sorgen.

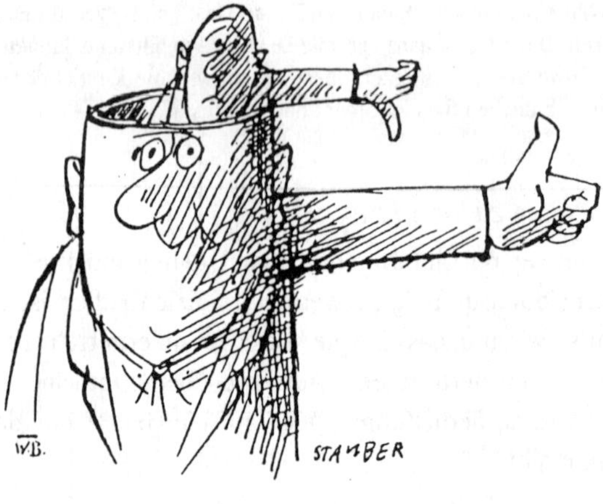

Schnell entscheiden mit Gefühl

Im Alltag sind häufig rasche Entscheidungen gefragt. Wir haben gar keine Zeit, lange über unsere Entscheidungen nachzubrüten. Wir entscheiden intuitiv, nach Gefühl. Das hat Vorteile, aber auch Nachteile.

Für die klassische Entscheidungstheorie ist das ein Vorgehen, das es zu vermeiden gilt. Intuitive Entscheidungen leiden nicht selten unter folgenden *Schwächen*:

- Wir entscheiden nach Kriterien, die uns nicht bewusst sind. Unter Umständen folgen wir Vorurteilen und Ressentiments, die wir vernünftigerweise ablehnen würden.
- Unsere Entscheidungsfindung ist nicht transparent. Anderen ist sie schwerer zu vermitteln und wird daher vielfach schwerer akzeptiert.
- Bei einer Fehlentscheidung können wir kaum sagen, wie sie zustande gekommen ist. Möglicherweise begehen wir das nächste Mal den gleichen Irrtum; wir lernen nicht dazu.
- Bei komplexen Entscheidungen sind wir häufig überfordert und damit anfälliger für Manipulationen.

Auf der anderen Seite gibt es auch unverkennbare *Vorteile*, bei bestimmten Entscheidungen vornehmlich seinem Gefühl zu folgen:

- Für manche Kriterien sind unsere rationalen Entscheidungstechniken blind. Eine Entscheidung erscheint uns logisch und dennoch spüren wir, dass etwas nicht stimmt. In solchen Fällen täuscht sich unser Gefühl selten.

- Intuitiv kommen wir relativ schnell zu einer Entscheidung, die sehr oft richtig oder zumindest brauchbar ist. So gesehen sind intuitive Entscheidungen häufig effizienter.
- Rationale Entscheidungsverfahren sind oft zu aufwändig oder arbeiten mit starken Vereinfachungen, die das Ergebnis beeinträchtigen.
- Entscheidungstechniken und -modelle erzeugen eine Distanz zum konkreten Fall, der entschieden werden soll. Sie erzeugen die Illusion einer „objektiven" Berechenbarkeit und Entscheidbarkeit, die vielfach gar nicht gegeben ist.

Gerade bei wichtigen Entscheidungen sollten Sie immer überprüfen, wie sich Ihre Entscheidung „anfühlt". Es ist nicht ratsam, dass Sie gegen Ihr Gefühl entscheiden.

Wann Entscheidungstechniken im Alltag sinnvoll sind

Intuition und rationale Entscheidungstechniken brauchen sich jedoch auch keineswegs auszuschließen. Im Gegenteil, sie sollten einander sinnvoll ergänzen. Es wäre ein Irrtum anzunehmen, eine Entscheidung wäre dann besonders rational (und richtig), wenn die Gefühle möglichst unbeteiligt bleiben und alles auf einer rein sachlichen Ebene abgehandelt wird. Dies entspricht nicht unserer Art zu denken.

Auf der anderen Seite ist es auch nicht der Weisheit letzter Schluss, ausschließlich auf die Intuition zu vertrauen und aus dem Bauch heraus zu entscheiden. Entscheidungstechniken helfen Ihnen, Ihre Entscheidungen zu strukturieren, den Entscheidungsweg transparent zu machen und dadurch zu einer besseren Entscheidung zu gelangen.

■ Entscheidungstechniken sind besonders dann zu empfehlen, wenn die Situation unübersichtlich ist, wenn von der Entscheidung sehr viel abhängt oder wenn Sie Ihre Entscheidung jemandem vermitteln müssen – egal ob im Beruf oder im Alltag. ■

Nutzen Sie Ihr „implizites Wissen"

Intuition beruht darauf, dass wir weit mehr wissen, als wir ausdrücken können. Dieses „implizite Wissen" spielt bei der Entscheidungsfindung eine wesentliche Rolle. Sobald wir den Entscheidungsprozess jedoch formalisieren (etwa mit Hilfe einer Entscheidungstechnik, einer Entscheidungsdatenbank oder eines computergestützten Expertensystems), blenden wir dieses Wissen aus. Wir können nur auf Wissen zurückgreifen, das wir als logische Operation darstellen können oder das für uns zumindest sprachlich verfügbar ist, unser „explizites Wissen".

Das „implizite Wissen" muss dabei keineswegs irrational oder gar in die Tiefenregionen des Unterbewusstseins „verdrängt" worden sein. Es ist eben nur sprachlich nicht verfügbar und in diesem Sinne nicht bewusst. Alle Vorstellungen, das „implizite Wissen" repräsentiere eine Art Geheimbotschaft aus dem Unbewussten und sei von vornherein höher zu bewerten, sind höchst zweifelhaft.

Aktion oder Re-Aktion – nehmen Sie die Entscheidung in die Hand

Jede Entscheidung richtet sich auf ein konkretes Problem oder eine offene Frage. Soll der Vorschlag von Mitarbeiter Kimmig in die Praxis umgesetzt werden? Wie verbringen Sie den heutigen Abend? Soll Gentechnik in der Landwirtschaft erlaubt werden? Lohnt sich der Wechsel zu einem anderen Stromversorger? Solcher Art sind die Fragen, die wir entscheiden, ja vielfach entscheiden müssen.

Dabei sind zwei Fälle zu unterscheiden:

- Es drängt sich ein bestimmtes Problem auf, und Sie müssen mit Ihrer Entscheidung darauf reagieren. Sie entscheiden *reaktiv.*
- Sie selbst setzen ein Thema auf die Tagesordnung und treffen dann Ihre Entscheidung. Sie entscheiden sozusagen *proaktiv.*

Im Alltag begegnen uns beide Formen. In der Kantine müssen Sie reaktiv entscheiden, welches Essen Sie wählen. Oder ein Kollege bittet Sie, ihn in der kommenden Woche zu entlasten. Sie müssen reaktiv eine Entscheidung treffen, ob Sie ihm helfen oder nicht.

Proaktiv entscheiden Sie, wenn Sie etwa darüber nachdenken, Ihre englischen Sprachkenntnisse zu verbessern und nach einer Entscheidung suchen, wie Sie das am besten tun können: ein Sprachurlaub, Einzelunterricht oder ein Kurs an der Volkshochschule? Und natürlich ist auch die Entscheidung darüber, ob Sie ein bestimmtes Buch kaufen, im Allgemeinen proaktiv.

■ Im Prinzip sind proaktive Entscheidungen weder besser noch schlechter als reaktive. Allerdings sind proaktive Entscheidungen meist mit einem wesentlich höheren Maß an Souveränität und Entscheidungsfreiheit verbunden. Starke Führungskräfte sind daher vielfach bestrebt, proaktiv zu entscheiden. ■

Welche Ziele spielen eine Rolle?

Wenn Sie eine Entscheidung treffen, geht es immer um Ihre Ziele. Dabei müssen Ihnen diese Ziele nicht einmal bewusst sein. Sie versuchen mit Ihrer Entscheidung ein bestimmtes Ziel, häufig jedoch mehrere zu erreichen. Sobald mehrere Ziele im Spiel sind, wird die Entscheidungsfindung kompliziert, vor allem wenn diese Ziele schwer vereinbar sind oder einander sogar ausschließen.

In diesem Fall ist es sinnvoll, die Ziele zu strukturieren und eine Zielhierarchie zu bilden. Wie das geht, erfahren Sie im Kapitel „In fünf Schritten zur richtigen Entscheidung" (siehe Seite 63).

Bringen Sie verdeckte Ziele ans Tageslicht

Erheblich erschwert wird eine Entscheidung, sobald verdeckte Ziele im Spiel sind. Bei einer Einzelentscheidung im stillen Kämmerlein lässt sich das vielleicht noch ausbügeln. Sie müssen sich dann Ihre verdeckten Ziele nur selbst eingestehen. Das ist sicher nicht immer einfach, bei Gruppenentscheidungen jedoch liegt der Fall in der Regel wesentlich komplizierter.

Wenn das Team entscheidet

In der Gruppe sind verdeckte Ziele nicht nur häufiger anzutreffen, sie lassen sich auch wesentlich schwerer aufdecken und schon gar nicht „offiziell" in den Entscheidungsprozess einbeziehen. Es ist nicht selten, dass einzelne Gruppenmitglieder ein bestimmtes Ziel verfolgen, das sie nicht offenbaren können, weil es „offiziell" nicht geduldet ist. Anders gesagt: Sogar wenn sie so ehrlich wären, ihr verdecktes Ziel zu offenbaren, würde sich das Problem nicht lösen, sondern allenfalls verlagern.

Beispiel

Terminplanung im Projektteam: Es muss ein zusätzliches Meeting anberaumt werden, um den Zeitplan zu halten. Mehrere Mitglieder sprechen sich für den Donnerstagabend aus. Frau Hilgenfeld protestiert energisch. Abendtermine seien grundsätzlich ungeeignet, weil alle Mitglieder dann bereits müde und ausgelaugt seien. Sie bezieht sich also auf das Ziel, effiziente Bedingungen für das Meeting zu schaffen, konkret: ausgeruhte Teilnehmer zu haben.

Tatsächlich lehnt Frau Hilgenfeld den Abendtermin jedoch ab, weil sie am Abend bei ihrer Familie sein möchte. So kann sie jedoch nicht argumentieren, wenn sie ihren Standpunkt durchsetzen will. Sie verdeckt also ihr eigentliches Ziel hinter einem Ziel, von dem sie annehmen kann, das es die anderen Gruppenmitglieder teilen.

Solche verdeckten Ziele sind sehr häufig, sobald Einzel- und Gruppeninteressen kollidieren. Auch persönliche Aversionen oder taktische Winkelzüge gegenüber Konkurrenten werden gerne dadurch bemäntelt, dass man sich auf die „offiziell" anerkannten Ziele beruft.

Was tun, wenn verdeckte Ziele im Spiel sind?

Nicht immer müssen verdeckte Ziele dramatische Folgen haben. Bleiben wir beim eben zitierten Beispiel: Gelingt es Frau Hilgenfeld, ihre Kollegen davon zu überzeugen, dass der Abendtermin für das Meeting ungünstig ist, spielt es keine Rolle, ob Frau Hilgenfeld eigentlich ganz andere Ziele verfolgt hat. Finden die Kollegen ihre Bedenken berechtigt, kann sie ihr verdecktes Ziel erreichen. Überzeugt sie ihre Kollegen nicht, wird sie ihr verdecktes Ziel verfehlen.

Ein solches „Doppelspiel" wird in vielen Fällen nicht zu vermeiden sein. Solange es begrenzt bleibt, lässt sich damit leben. Wir müssen es einfach hinnehmen. Doch kann durch das „Doppelspiel" der Entscheidungsprozess schnell kompliziert werden und regelrecht aus dem Ruder laufen.

Beispiel
Ein Teamkollege von Frau Hilgenfeld äußert den Verdacht, sie verfolge mit ihrem Vorschlag ein „verdecktes Ziel": „Ihnen geht es doch nur darum, dass Sie abends bei Ihrer Familie sind." Eine solche Entlarvung kann zwar hilfreich sein – wenn sie zutrifft –, in vielen Fällen ist sie jedoch ein bloßes „Totschlagargument". Ein Vorschlag wird diskreditiert, um nicht über ihn diskutieren zu müssen. Frau Hilgenfeld könnte jetzt ihrerseits die Vermutung äußern, dem Kollegen, der den Abendtermin vorgeschlagen hat, ginge es selbst „im Grunde" nur um irgendein eigennütziges Ziel.

Treiben mehrere ein solches „Doppelspiel", geraten die Ziele, die „offiziell" verfolgt werden, leicht in den Hintergrund und geben nur noch die Kulisse ab, hinter der die Beteiligten ihre eigenen widerstreitenden, aber verdeckten Interessen verfolgen. In solchen Situationen entsteht ein Klima des Misstrauens. Jeder verdächtigt jeden, dass es ihm „eigentlich" um ganz etwas anderes gehe. Eine sinnvolle Entscheidung ist kaum noch möglich.

Wie können Sie verhindern, dass verdeckte Ziele zu Konfliktsituationen führen:

- Bei Einzelentscheidungen sollten Sie alle Ihre Ziele offen legen. Ziele, die Sie sich nicht eingestehen, werden Sie nicht erreichen. Versuchen Sie also herauszufinden, worum es Ihnen wirklich geht. Dabei können durchaus widersprüchliche Ziele auf den Tisch kommen.

- Erfolgreiche Gruppenentscheidungen setzen ein Klima des Vertrauens voraus. Legitime Einzelinteressen sollten deshalb auch auf Verständnis rechnen können. Keinesfalls dürfen sie ignoriert werden.
- Bei Gruppenentscheidungen darf der Verdacht, jemand verfolge ein verdecktes Ziel, nicht dazu führen, seine Vorschläge von vornherein abzutun. Einzig relevant ist die Frage, ob sie dem gemeinsamen Ziel dienen oder nicht.

Bereiten Sie wichtige Entscheidungen vor, indem Sie sich vorab die Fragen aus der folgenden Checkliste stellen.

Checkliste: Die Entscheidung vorbereiten

	Ja	Nein
Bin ich bereit, Verantwortung zu übernehmen?	❑	❑
Verfolge ich mit meiner Entscheidung mehrere Ziele? Wenn ja: Welche? ______________________ ______________________	❑	❑
Spielen bei meiner Entscheidung verdeckte Ziele eine Rolle? Wenn ja: Welche? ______________________ ______________________	❑	❑

Die Zeit entscheidet mit

Bei jeder Entscheidung spielt die Zeit eine eminent wichtige Rolle. Welchen Entscheidungsweg Sie einschlagen sollten, hängt vor allem davon ab, wie viel Zeit Ihnen zur Verfügung steht. Dabei kommt es nicht nur darauf an, bis wann eine Entscheidung gefallen sein muss, sondern auch wie sich die Dinge weiterentwickeln, während Sie nach einer Entscheidung suchen.

Was tun bei Entscheidungen unter Zeitdruck?

Häufig sind schnelle Entscheidungen gefragt. Besonders Führungskräfte stehen hier meistens unter enormen Zeitdruck. Sicher kennen auch Sie das: Sie haben gar nicht die Zeit, sich weitere Informationen zu beschaffen oder die möglichen Folgen abzuwägen. Und sicher haben auch Sie schon öfter das Gefühl bekommen, dass darunter die Qualität Ihrer Entscheidung leidet. Zu Recht, denn:

- Ihre Entscheidung ist nicht durchdacht,
- Sie werden anfällig für Manipulationen oder
- Sie übersehen Alternativen.

Sichern Sie Entscheidungen, die Sie unter Zeitdruck fällen müssen, deshalb möglichst gegen solche Gefahren ab. Wenn Sie als Führungskraft wichtige Entscheidungen zu treffen haben, sollten Sie nach Möglichkeit vermeiden unter Zeitdruck zu geraten.

Ihre Entscheidung ist nicht durchdacht

Im Vordergrund steht die Notwendigkeit, dass überhaupt eine Entscheidung fällt. Sie haben keine Zeit, sich ein genaueres Bild zu machen. Sie müssen schätzen, vielfach müssen Sie raten. Kompliziertere Zusammenhänge ignorieren Sie und fällen daher sehr leicht eine Fehlentscheidung.

Was können Sie dagegen tun?
Sorgen Sie dafür, dass Personen Ihres Vertrauens die Entscheidung vorbereiten. Manchmal haben Sie auch Gelegenheit kompetente Ratgeber zu konsultieren, bevor Sie entscheiden. Ansonsten sollten Sie versuchen, Ihre Entscheidung so zu treffen, dass sie mit vertretbarem Aufwand noch revidierbar ist.

Sie werden anfällig für Manipulationen

Wer unter Zeitdruck entscheiden muss, ist berechenbarer und wesentlich leichter zu manipulieren. Er hält sich an das Nächstliegende, meist bleibt ihm ja auch keine andere Wahl, sofern er keine irrationalen „Querschläger" produzieren möchte. Geschickte Mitarbeiter nutzen das aus und bringen ihren gestressten Chef dazu, stets in ihrem Sinne zu entscheiden.

Das Vertrackte dabei ist, dass sich der Entscheider gegen diese Art der Manipulation nur schwer schützen kann. Manche Führungskräfte versuchen sich dadurch aus der Affäre zu ziehen, dass sie ihren Mitarbeitern gegenüber ein prinzipielles Misstrauen an den Tag legen und in einzelnen Fällen anders entscheiden, als es nahe zu liegen scheint. Der Haupteffekt dieser Maßnahme dürfte allerdings darin bestehen, dass sie ihre Mitarbeiter in Verlegenheit bringen – ihre Entscheidung dürfte dadurch kaum besser werden.

Was können Sie dagegen tun?
Sie sollten vermeiden, dass Ihre Mitarbeiter den Eindruck gewinnen, Sie wüssten über das anstehende Problem nicht ausreichend Bescheid. Durch geschicktes Nachfragen und unerwartete Detailkenntnisse können Sie versuchen, Kompetenz zu zeigen. Allerdings sollten Sie dieses Vorgehen nicht überstrapazieren. Jemandem, der sich in der Sache wirklich gut auskennt, machen Sie nur schwer etwas vor.

Sie übersehen Alternativen

Wenn Sie unter Zeitdruck geraten, halten Sie sich an das, was Sie an Entscheidungsmöglichkeiten vorfinden. Das ist zwar rational, denn Sie haben keine Zeit, weitere Alternativen zu entwickeln. Allerdings hat dieses Verhalten die Wirkung, dass Sie auch nahe liegende Alternativen schlicht übersehen.

Dieser Effekt wird besonders häufig genutzt, um andere zu manipulieren. Vermutlich handelt es sich um einen der am weitesten verbreiteten und effektivsten „Tricks" überhaupt. Aus diesem Grund versuchen viele, die Sie in ihrem Sinne beeinflussen wollen, Sie unter einen zeitlichen Druck zu setzen, der eigentlich gar nicht besteht.

Beispiel
Ein Vertreter ruft bei Ihnen an, um die Vorzüge seines Produkts zu preisen. Sie geben ihm zu verstehen, dass Sie jetzt gar keine Zeit für ihn hätten. Der Vertreter möchte daher mit Ihnen einen Gesprächstermin vereinbaren

und fragt: Passt Ihnen Dienstag oder Donnerstag? Er fordert Ihnen eine schnelle Entscheidung ab und präsentiert Ihnen zwei Alternativen. Die nahe liegende Frage, ob Sie überhaupt Interesse an einem solchen Gespräch haben, fällt so unter den Tisch.

Was können Sie dagegen tun?
Ihre einzige Möglichkeit: Nehmen Sie sich die Zeit zu überlegen, ob die vorhandenen Alternativen tatsächlich die einzigen sind. Bei komplexeren Entscheidungen stehen Sie allerdings häufig vor der Schwierigkeit, dass Sie keine Zeit mehr haben, einer möglicherweise viel versprechenden Alternative weiter nachzugehen.

Schieben Sie Entscheidungen nicht auf die lange Bank

Im Berufsleben wächst allgemein der Zeitdruck. Entscheidungen müssen nicht schnell, sondern sehr schnell getroffen werden. Oft geht es gar nicht anders. Der Schnelle frisst den Langsamen, heißt es, und gefressen werden will niemand. Doch gerade in dieser Situation sollten Sie alles daran setzen, so viele Entscheidungen wie möglich eben nicht unter Zeitdruck treffen zu müssen. Denn solche Entscheidungen sind wie gesehen oftmals mangelhaft.

Doch Vorsicht: Manchmal lässt sich ein Verhalten beobachten, das auf den ersten Blick widersinnig erscheint: Entscheidungen werden so lange aufgeschoben, bis unter Zeitdruck entschieden werden muss. Das mögliche Motiv dahinter: Der Aufwand für einen „Schnellschuss" ist weit geringer als für eine fundierte Entscheidung. Zugleich lässt sich eine Entscheidung, die sich im Nachhinein als nicht ganz so glücklich herausstellt, eher rechtfertigen. Unter dem enormen Zeitdruck war einfach keine bessere Lösung möglich. Ein solches Vorgehen mag zwar kurzfristig eine gewisse Entlastung bringen; auf längere Sicht erweist es sich jedoch als nachteilig und erhöht noch Ihren Stress. Auf Dauer können Sie es sich nicht leisten, schlechte Entscheidungen zu treffen. Schließlich tragen Sie für Ihre Entscheidungen die Verantwortung, unabhängig davon, wie sie zustande gekommen sind.

Effektives Entscheidungsmanagement

Sie können den Zeitdruck verringern und damit auch die Qualität Ihrer Entscheidungen erhöhen, wenn Sie Ihre Entscheidungen besser organisieren. Dazu gehört, dass Sie Ihre Entscheidungen planen, den Zeitbedarf richtig einschätzen und Ihre Entscheidungsfindung nicht unnötig verzögern. Ein „Entscheidungsplan" kann Ihnen dabei helfen. Listen Sie dafür alle anstehenden Entscheidungen auf, notieren Sie, welche Informationen Sie bis wann beschaffen möchten, und halten Sie fest, wann die Entscheidung fällig ist. Planen Sie ausreichend Zeit für Ihre Entscheidung ein!

Außerdem lohnt es sich, auf folgende Punkte zu achten:

- Es kostet oft viel Zeit und Energie, alle relevanten Informationen zu beschaffen. Können Sie diese Aufgabe an eine Person Ihres Vertrauens delegieren?
- Sie müssen die Informationen nicht nur sammeln (lassen), Sie müssen sie auch verstehen. Dafür müssen Sie Zeit einplanen, die sich allerdings lohnt, denn wenn Sie die Informationen nicht genügend verstehen, können Sie keine qualifizierte Entscheidung treffen. Möglicherweise müssen

Sie dann die Entscheidung Ihren Mitarbeitern überlassen, die mehr von der Sache verstehen als Sie.

- Treffen Sie nicht jede Entscheidung selbst. Schlagen Sie sich nicht mit Detailfragen herum, sondern überlassen es Ihren Mitarbeitern, in Ihrem Bereich eigenverantwortlich zu entscheiden. Bleiben Sie aber auf dem Laufenden und greifen Sie ein, wenn etwas schief läuft.
- Gehen Sie sparsam mit Ihrem Misstrauen um. Kontrolle ist mit Aufwand verbunden. Zu viel an Kontrolle bedeutet Verschwendung von Ressourcen.
- Setzen Sie klare Prioritäten: Auf welche Entscheidungen kommt es wirklich an? Hier sollten Sie Ihre Zeit und Ihre Ressourcen am stärksten einsetzen.
- Lernen Sie aus Ihren Entscheidungen. Dokumentieren Sie, was gut und was weniger gut gelaufen ist. Ihre Erfahrung hilft Ihnen, das nächste Mal schneller zu einer Entscheidung zu kommen.

■ Effektives Entscheidungsmanagement ist immer eine Gratwanderung zwischen Gründlichkeit und Schnelligkeit der Entscheidung. ■

Vorsicht: Alles ist im Fluss

Auch wenn Sie etwas mehr Zeit zu Verfügung haben oder sogar selbst darüber bestimmen, wann Sie entscheiden – den Faktor Zeit dürfen Sie auf keinen Fall vernachlässigen. Denn die Situation, über die Sie entscheiden müssen, bleibt ja oft nicht so, wie sie sich jetzt darstellt, sie kann sich aus den unterschiedlichsten Gründen verändern.

Sie müssen also einerseits die Situation im Blick behalten und unter Umständen Ihr Urteil noch revidieren oder zumindest justieren. Auf der anderen Seite sind Sie meist gut beraten, wenn Sie sich bemühen die künftige Entwicklung gedanklich vorwegzunehmen. Denn Ihre Entscheidung wird ja erst in der Zukunft wirksam. Viele korrekte Entscheidungen von heute sind die Fehlentscheidungen von morgen.

■ Weil sich die Situation immer ändern kann, hat es oftmals keinen Sinn abzuwarten, bis sie sich „geklärt" hat. Die Lage ist niemals vollständig geklärt. Daher ist es zumeist sinnvoll, zügig eine Entscheidung herbeizuführen. ■

Prognosen sind immer mit großer Unsicherheit belastet. Es gibt keine Garantie dafür, dass Ihre Annahmen über die künftige Entwicklung richtig sind. Sie können aber gar nicht anders, wenn Sie eine Entscheidung treffen: Sie müssen eine Vermutung darüber anstellen, wie die Zukunft aussehen wird. Meist nehmen wir an, dass die Zukunft genauso aussehen wird wie die Vergangenheit. Damit liegen wir, wenigstens bei langfristigen Entscheidungen, sehr oft daneben. Ebenso täuschen sich viele, wenn sie bestimmte Trends, die sich aktuell abzeichnen, in die Zukunft verlängern.

Sichere Basis für langfristige Entscheidungen

Unsere Entscheidungen haben unterschiedliche Auswirkungen auf die Zukunft. Die Frage, mit welchem Verkehrsmittel Sie morgen zu einer wichtigen Besprechung fahren, kann im

Augenblick für Sie vordringlich sein; spätestens wenn Sie das Meeting rechtzeitig erreicht haben, wird Sie das Thema nicht länger beschäftigen. Wenn Sie sich hingegen darüber Gedanken machen, welche berufliche Laufbahn Sie einschlagen sollen, wird Ihre Entscheidung möglicherweise Folgen für Ihr ganzes Leben haben.

Wie Sie langfristige Auswirkungen richtig einschätzen

Am besten kommen wir zurecht, wenn wir die unmittelbaren Folgen unserer Entscheidung vorauskalkulieren sollen. Unser zeitlicher Horizont ist sehr begrenzt. Wenn wir eine Entscheidung treffen sollen, die erst in ferner Zukunft wirksam wird, sind wir schnell überfordert. Was nicht nur damit zu tun hat, dass die Zukunft generell ungewiss ist.

Auch bei langfristigen Entscheidungen geben wir unsere kurzfristige Orientierung im Grunde nicht auf. Dadurch können uns folgenschwere Fehlentscheidungen unterlaufen. Sogar wenn wir die fatalen Folgen einer Entscheidung heute schon absehen können, begehen wir immer wieder solche Fehler.

Beispiel

Auf den „Year-2000-bug" wurde man erst im Laufe des Jahres 1999 aufmerksam. Nahezu sämtliche Computer in aller Welt waren nur mit einer zweistelligen Jahreszahlanzeige ausgestattet, so dass zum Jahreswechsel 2000 die Computer wieder bei 00 zu zählen begannen, also um hundert Jahre zurücksprangen. Daran hatte man bei Einrichtung der Betriebssysteme (in den 1980er und 1990er Jahren!) einfach nicht gedacht.

Dieses Entscheidungsdefizit ist nicht selten fatal. Denn es sind ja gerade die wichtigen Entscheidungen, die lang anhaltende Konsequenzen nach sich ziehen. Nicht selten führt das dazu, dass wir in Zukunft vor allem damit beschäftigt sind, unsere Fehlentscheidungen der Vergangenheit auszubügeln.

Was können Sie dagegen tun?
Wie bei anderen systematischen Denkfehlern und „blinden Flecken" unseres Denkvermögens (siehe Seite 47) sind unsere Möglichkeiten, dieses Defizit auszugleichen, außerordentlich begrenzt. Immerhin können wir jedoch unsere Schwäche mit ins Kalkül ziehen. Konkret heißt das:

- Verlassen Sie sich bei solchen Entscheidungen nicht einfach auf Ihre „Intuition".
- Versuchen Sie herauszufinden, welche langfristigen Konsequenzen sich ergeben könnten. Gibt es Auswirkungen, die erst mit einer gewissen Verzögerung einsetzen könnten?
- Gestalten Sie Ihre Entscheidungen so, dass Sie in Zukunft noch korrigierend eingreifen können. Hüten Sie sich vor „endgültigen" Entscheidungen. Planen Sie wenigstens den ein oder anderen „Notausstieg" mit ein.

Die sieben häufigsten Fehler

Im Kapitel „Denken und Entscheiden" lernen Sie die typischen Fehlleistungen kennen, die sich aus der Art und Weise ergeben, wie unser Gehirn arbeitet und „für uns" Entscheidungen trifft. Mit diesen „Systemfehlern" müssen wir uns alle irgendwie arrangieren, denn wir können nicht aus unserem Gehirn aussteigen.

Anders verhält es sich in den nun folgenden Fällen: Sie gehen nicht auf Unzulänglichkeiten unseres Denkapparats zurück, sondern auf unsere höchst persönlichen Schwächen bei der Entscheidungsfindung.

1. Sie schieben Ihre Entscheidung auf

Wer entscheidet, legt sich fest. Möglichkeiten, die Sie eben noch hatten, stehen Ihnen nach Ihrer Entscheidung nicht mehr zur Verfügung. Und dieser Gedanke ist Ihnen unangenehm. Lieber wollen Sie sich alle Wege offen halten.

Außerdem ist mit jeder Entscheidung das Risiko verbunden, eine Fehlentscheidung zu treffen, für die Sie dann möglicherweise zur Verantwortung gezogen werden.

Und so schieben Sie Ihre Entscheidung immer weiter vor sich her, bis sich der Fall irgendwie von selbst erledigt. Oder Sie treffen eine „provisorische" Entscheidung, die nur vorläufig gilt und die Sie jederzeit wieder zurücknehmen können.

Keine Entscheidung ist eine schlechte Entscheidung

Natürlich gibt es Fälle, in denen es ratsam ist, eine Entscheidung zu vertagen: wenn etwa noch wesentlicher Klärungsbedarf besteht und Sie durch Ihr Abwarten keine schwer wiegenden Nachteile erleiden. Allerdings kann genau an dieser Stelle die Falle zuschnappen, denn ein gewisser Klärungsbedarf wird immer bestehen. Nicht selten tritt sogar der scheinbar paradoxe Effekt ein, dass dieser Bedarf *zunimmt*, je länger Sie sich mit dem Problem beschäftigen. Anders gesagt: Je stärker Sie sich darum bemühen, entscheidungsfähig zu werden, desto entscheidungsunfähiger werden Sie.

Auch die Optionen, die Sie sich durch Ihre Nicht-Entscheidung offen halten möchten, sind zeitabhängig und gelten in der Regel nicht unbegrenzt. Wenn Sie keine Option wählen, ist dies eben auch eine Entscheidung – und zwar sehr oft die schlechteste. Wenn Sie sich nicht entscheiden können, ob Sie Zahnarzt oder Lehrer werden sollen und Ihre Entscheidung immer weiter hinauszögern, müssen Sie sich irgendwann möglicherweise als ungelernte Kraft durchschlagen. Irgendeine Entscheidung ist in diesem Fall besser als keine.

■ Wenn ein Fall für Sie nicht entscheidbar ist, dann ist es weit rationaler, den Zufall entscheiden zu lassen als gar keine Entscheidung zu treffen. ■

Die Macht des „Aussitzens"

Freilich kann sich die Lage im Laufe der Zeit auch ändern. Und wer sich zu früh festgelegt hat, ist schlecht dran, wenn sich der Wind dreht. Aus diesem Grunde ist es manchmal hilfreich, sich mit einer Entscheidung Zeit zu lassen und das Problem sozusagen „auszusitzen". Allerdings ist diese Strategie nicht ohne Risiko. Die Dinge können sich verschlimmern und zuspitzen, wenn Sie nicht entscheiden. Außerdem riskieren Sie, dass Ihnen jemand das Heft aus der Hand nimmt. Daher lassen sich Probleme am ehesten „aussitzen", wenn Sie bereits eine starke Machtposition innehaben und niemand an Ihnen vorbei entscheiden kann.

2. Sie urteilen zu schnell

Nicht weniger nachteilig ist es, wenn Sie in das andere Extrem verfallen und Ihr Urteil noch im selben Augenblick fällen, in dem Sie mit einem bestimmten Problem konfrontiert sind. Zwar wird es vielfach positiv gesehen, wenn Sie bei Ihrer Entscheidungsfindung „keine Zeit verlieren". Unter Umständen schreibt man Ihnen „Macherqualitäten" zu und hält Sie für „entscheidungsstark".

Allerdings hat diese vermeintliche Stärke eine bedenkliche Kehrseite: Ihre Entscheidungen leiden unter mangelnder Gründlichkeit. Sie lassen sich gar nicht auf das Problem ein und können es also auch geistig nicht richtig durchdringen. Dadurch wächst das Risiko, dass Sie eine Fehlentscheidung treffen. Außerdem drohen Ihre Entscheidungen schablonenhaft zu werden. Originelle oder kreative Entscheidungen werden Sie „auf die Schnelle" nicht fällen.

Sehr viele Fehlentscheidungen kommen dadurch zustande, dass wir in einer bestimmten Situation stecken und sofort eine Entscheidung treffen. Ist die Situation vorüber, dämmert uns, dass wir falsch entschieden haben. Diesen „Überwältigungseffekt" nutzen viele Vertreter und Verkäufer aus, um Entscheidungen in ihrem Sinne zu beeinflussen.

Lassen Sie sich nie von der Situation überwältigen

Wenn Sie wissen, dass Sie zu Schnellschüssen neigen, nehmen Sie sich bewusst etwas zurück. Prüfen Sie die Entscheidung, die Sie spontan getroffen hätten, noch einmal in Ruhe. Wer auch andere Optionen mit abwägt, muss sich mit dem

Gegenstand auseinandersetzen und entdeckt nicht selten Aspekte, die eine optimale Entscheidung überhaupt erst erlauben.

■ Häufig werden wir unter Vorspiegelung falscher Notwendigkeiten zu schnellen Entscheidungen gedrängt, damit wir leichter manipuliert werden können. Dann sollten bei Ihnen die Warnglocken klingeln! ■

3. Sie verlassen sich ganz auf Ihr Gefühl

Gefühle sind für die Entscheidungsfindung von großer Bedeutung. Es fällt uns außerordentlich schwer, gegen unser Gefühl zu entscheiden. Meist wäre es auch äußerst unklug, das zu tun. Denn unser Gefühl irrt weit seltener als unser Verstand. Wer vernünftig und gut entscheiden will, sollte seine Entscheidung immer gefühlsmäßig „erden".

Doch Gefühl allein reicht eben nicht aus. Es muss der kritische Verstand, die Fähigkeit zu abstraktem Denken hinzukommen. Denn Entscheidungen, die rein nach dem Gefühl getroffen werden, haben einen entscheidenden Nachteil: Wir können sie nicht hinterfragen. Sie sind einfach da. Wir können sie nicht verbessern, und wir können nicht analysieren, wie Fehlentscheidungen entstanden sind.

In komplexen Situationen kommen wir schnell an eine Grenze, wenn wir ganz nach Gefühl entscheiden. Und schließlich neigen reine Gefühlsentscheidungen zu einem ausgeprägten Konservatismus, der uns nicht in jeder Situation zustatten kommt. Denn gefühlsmäßig setzen wir eher auf Bewährtes und scheuen vor innovativen Lösungen zurück. Das kann ein gravierender Nachteil sein.

4. Sie trennen Unwesentliches nicht vom Wesentlichen

Eine wichtige Voraussetzung, um in komplexen Situationen zu einer guten Entscheidung zu kommen: Sie sollten Ihre Überlegungen strukturieren. Wichtige Punkte brauchen Ihre volle Aufmerksamkeit, Unwichtiges können Sie oft ganz beiseite lassen. Wenn Sie diese Fähigkeit nicht in ausreichendem Maße entwickelt haben, gerät der Entscheidungsprozess leicht in Unordnung. Sie verlieren die Übersicht und urteilen schließlich nach Kriterien, die für Ihre Entscheidung möglicherweise irrelevant sind.

Damit bekommt Ihre Entscheidung etwas Zufälliges, Beliebiges und das Risiko, eine Fehlentscheidung zu treffen, ist recht hoch. Doch das ist noch nicht einmal das Schlimmste. Denn aus unseren Fehlentscheidungen könnten wir lernen und so unsere Entscheidungskompetenz verbessern. Doch eben dies wird verhindert, wenn wir keinen Überblick mehr haben. Wir wissen letztlich nicht, woran es gelegen hat, dass wir falsch entschieden haben. Ebenso wenig wissen wir, was dazu geführt hat, wenn wir richtig entscheiden.

Deshalb ist es wichtig, dass Sie zumindest bei komplexeren Fällen die Lage strukturieren, Teilaspekte herauslösen und Hierarchien bilden. Wie Sie dabei vorgehen können, erfahren Sie im Kapitel „In fünf Schritten zur richtigen Entscheidung" (siehe Seite 63).

5. Sie investieren zu viel Energie

In der Regel ist es so: Je mehr Mühe wir uns mit einer Entscheidung geben, desto besser ist sie auch. Wenn wir zahlreiche Informationen zusammenholen, sie gewissenhaft prüfen und unseren Entscheidungsprozess noch einmal kritisch durchgehen, dann minimieren wir das Risiko, eine Fehlentscheidung zu treffen.

Auf der anderen Seite können wir den Aufwand auch zu weit treiben. Ab einer gewissen Grenze wird unsere Entscheidung nicht besser, auch wenn wir noch mehr Informationen sammeln und alles noch einmal gründlich durchdenken.

Der Haken bei der Sache ist, dass man so etwas erst im Nachhinein wirklich beurteilen kann. Unter Umständen fahren Sie ja mit der Strategie „lieber zu viel Aufwand als zu wenig" auch gar nicht schlecht.

Übertriebener Aufwand verursacht hohe Kosten

Das Problem liegt meist woanders. Können Sie sich diesen höheren Aufwand überhaupt „leisten"? Denn jede Entscheidungsfindung hat ihre eigene Ökonomie; sie verursacht Kosten, die natürlich in einem vernünftigen Verhältnis zu ihrer Bedeutung stehen muss.

Jede Entscheidung steht in Konkurrenz zu anderen Entscheidungen, die Sie ebenfalls treffen müssen. Es kommt – gerade in Unternehmen – gar nicht selten vor, dass eine gar nicht so wesentliche Frage, die gerade auf der Tagesordnung steht, überakkurat gelöst wird, und für die wirklich drängenden Probleme stehen keine Ressourcen mehr zu Verfügung.

Beispiel
Die Firma Tipronic schafft neue Büromöbel an. Um die richtige Wahl zu treffen, wird eine Arbeitsgruppe gebildet, die Angebote einholt und miteinander vergleicht. Zusätzlich werden externe Berater eingeschaltet, die die Angebote prüfen und eine Empfehlung abgeben sollen. Die Auswahl dieser Berater erfolgt nach intensiver Prüfung durch die Arbeitsgruppe. Nach acht Wochen ist eine Entscheidung gefallen. Die Möbel genügen allen Anforderungen, sie sind bequem, ergonomisch, elegant und vergleichsweise kostengünstig. Kurze Zeit später gerät die Firma in ernsthafte Schwierigkeiten, weil die Mitarbeiter sich in den vergangenen Wochen viel zu wenig um ihre Kunden gekümmert haben.

Entscheidungsprozesse entwickeln ihre Eigendynamik

Theoretisch ist uns dieses Problem vollkommen klar. Es ist doch selbstverständlich, dass wir die wichtigeren Dinge nicht vernachlässigen dürfen. Wir müssen eben klare Prioritäten setzen und uns besser organisieren. Punktum.

Praktisch ist das jedoch viel schwieriger. Denn Entscheidungsprozesse können ihre eigene Dynamik entwickeln und uns regelrecht „fesseln". Eigentlich müssten wir längst entschieden haben, aber es gibt noch dieses und jenes zu klären – und das kostet Zeit.

Jeder kennt solche Beispiele. Vor allem wenn in der Gruppe entschieden werden soll und sich Entscheidungen über irgendwelche Nebensächlichkeiten endlos hinziehen. Manchmal versuchen wir uns daraus zu befreien, indem wir den anderen das Feld überlassen, wenn uns die Sache „zu dumm" wird. Das ist allerdings auch keine gute Lösung.

Aber selbst wenn wir alleine eine Entscheidung treffen müssen, lassen wir uns von manchen Problemen „gefangen nehmen". Vielleicht investieren Sie als Autofahrer sehr viel Zeit und Energie in die Frage, wo sie preisgünstig tanken können. Rechnen Sie mal nach, wie viel Sie tatsächlich einsparen, wenn Sie „billig" tanken. Vielleicht tanken Sie 30 Liter und sparen 90 Pfennig gegenüber der „teuren" Tankstelle in Ihrer Nähe. Lohnt sich der Aufwand?

6. Sie knacken nur die „weichen Nüsse"

Ein sehr verbreitetes Verhalten: Wir beschäftigen uns nur mit den Problemen, die scheinbar relativ leicht zu lösen sind. Das hat zwar den Vorteil, dass wir uns nicht in unlösbare Fragen „verbeißen"; auf der anderen Seite führt dies dazu, dass wir wichtige Entscheidungen nicht treffen – weil sie „harte Nüsse" sind.

Oder wir nehmen uns nicht genügend Zeit dafür. Es ist uns unangenehm, diese schwierigen Fragen entscheiden zu müssen, also halten wir uns lieber an die angenehmen Dinge, die wir „im Griff" haben. Dadurch lösen wir die kniffligen Probleme natürlich nicht. Und wenn wir sie lösen müssen, dann haben wir nicht genügend Zeit dazu und treffen unsere Entscheidungen mehr schlecht als recht. Ungünstig dabei, dass uns gerade die „harten Nüsse" Entscheidungen abverlangen, von denen sehr viel abhängt.

■ Es hilft nichts, Sie müssen beizeiten auch den schwierigen Problemen Ihre Aufmerksamkeit widmen und sollten nicht erwarten, dass die Ihnen jemand abnimmt. Sonst riskieren Sie, dass die Entscheidung nicht in Ihrem Interesse fällt. ■

Entscheidungsschwäche und Machtverlust

Wer in Organisationen wichtigen Entscheidungen ausweicht, der riskiert, dass andere für ihn entscheiden und ihm schließlich seine Macht nehmen. Auch wer die Strategie des „Aussitzens" (siehe oben) verfolgt, muss das Problem immer im Auge behalten, um eine Entscheidung zu treffen, wenn die Zeit gekommen ist.

7. Sie folgen einfach dem Rat der Experten

Gerade bei wichtigen Entscheidungen sind wir oftmals auf das Urteil von Experten angewiesen. Wir durchschauen die Zusammenhänge zu wenig und stützen uns bei unserer Entscheidung auf die Empfehlungen der Fachleute.

Vielfach ist das unvermeidlich und auch durchaus sinnvoll. Es wäre eine gefährliche Illusion zu glauben, Sie könnten alles selbst kontrollieren. Und schließlich ist Misstrauen eine äußerst kostspielige Angelegenheit.

Daher liegt es nahe, seine Entscheidung vollständig in die Hand derjenigen zu geben, die mehr von der Sache verstehen als wir, der Experten eben.

Unter drei Voraussetzungen kann das auch sehr hilfreich sein:

- Die Experten dürfen keine eigenen Interessen verfolgen, die Ihren Zielen zuwiderlaufen.
- Die Experten müssen für ihre Empfehlungen auch Verantwortung übernehmen.
- Ein Mindestmaß unabhängiger Erfolgskontrolle muss sein.

In der Praxis sind diese Anforderungen oft nicht vollständig zu erfüllen. Denn Experten verfolgen immer eigene Interessen (allein durch den Umstand, dass sie Experten sind). Oftmals sind sie nicht bereit, die volle Verantwortung für ihre Ratschläge zu übernehmen – oder dies ist gar nicht möglich. Und schließlich: Wenn Sie keine Ahnung von der Materie haben, legt der Experte selbst fest, ob er erfolgreich gearbeitet hat oder nicht.

Beispiel
Herr Discher möchte sein Geld möglichst gewinnbringend anlegen. Ein Börsenexperte empfiehlt ihm den Kauf eines bestimmten Wertpapiers, das ein paar Wochen nach dem Erwerb dramatisch an Wert verliert. Herr Discher hegt den Verdacht, dass der Experte ein eigenes Interesse hatte, die Aktie zu empfehlen. Verantwortung für den Fehlkauf übernimmt der Experte natürlich nicht. Es war ja die Entscheidung von Herrn Discher, seinem Rat zu folgen. Obendrein weist der Experte die Kritik zurück, er habe Herrn Discher falsch beraten. In einem „schwierigen Markt" hätte sich das Papier „gut behauptet". Es sei jetzt stark „unterbewertet", daher solle Herr Discher das Papier unbedingt „halten", vielleicht sogar „nachkaufen". Herr Discher nickt.

Das Expertendilemma

Im Grund stecken wir in einem Dilemma: Um eine gute Entscheidung zu treffen, sind wir auf den Rat von Experten angewiesen. Auf der anderen Seite dürfen wir nicht erwarten, dass die Experten uns die Entscheidung vollständig abnehmen können. Wir brauchen also immer einen Kontrollmechanismus.

Dadurch aber laden wir uns eine zusätzliche Belastung auf. Die Fachleute sollen uns ja gerade entlasten. Wenn wir sie nun rundum kontrollieren wollten, müssten wir selbst zum Oberexperten werden. Das ist nun geradezu absurd, denn dann bräuchten wir die Experten nicht.

Es bleibt also eine Gratwanderung: zu großes Misstrauen ist ebenso „kostspielig" wie sich vollständig von Experten abhängig zu machen. Auch wenn es schwierig ist, versuchen Sie Herr des Verfahrens zu bleiben. Denn Sie sind es, der die Entscheidung zu treffen hat und die Konsequenzen tragen muss.

Wie unser Denken Entscheidungen beeinflusst

Fehlentscheidungen kommen sehr oft durch Denkfehler zustande. Oft täuscht man sich selbst und merkt es gar nicht – vor allem, wenn es um komplexe Entscheidungen geht.

Denken und Entscheiden

Vermutlich handelt es sich bei dem ca. 1,4 Kilo schweren Organ, das sich unter unserer Schädelplatte befindet, um die Materie mit der komplexesten Struktur des Universums. Schätzungsweise eine Billion Nervenzellen stecken darin, jede von ihnen hat bis zu 10 000 Verbindungen zu anderen Zellen.

Als Maschine für logische Denkoperationen wäre unser Gehirn eine Fehlkonstruktion. Sehr vieles, was in unserem Hirn geschieht, ist sogar höchst irrational. Und das ist auch gut so: Denn wir brauchen unser Gehirn nicht so sehr, um damit logisch und widerspruchsfrei zu denken, sondern um in der Welt, in der wir leben, einigermaßen zurechtzukommen.

Denkt unser Gehirn irrational?

Um keine Missverständnisse aufkommen zu lassen: Natürlich kann unser Gehirn auch höchst rationale Gedanken produzieren. Nämlich dann, wenn es zweckmäßig ist. Oftmals ist es aber nicht zweckmäßig. Wir würden viel zu viel Zeit verlieren, wenn wir bei jeder Entscheidung eine rationale Kosten-Nutzen-Analyse durchführen würden. Also lassen wir es in den meisten Fällen bleiben und nehmen gewissermaßen eine Abkürzung.

Dabei spielen unsere Gefühle eine wichtige Rolle. Was den rationalen Entscheidungstheoretikern ein Gräuel sein dürfte, hat sich in der Praxis gut bewährt: Auch wenn wir nicht nach dem Lehrbuch der Entscheidungstheorie vorgehen, gelangen wir oftmals zu höchst vernünftigen Lösungen. Die wir dann im

Nachhinein mit unserer Vernunft trefflich begründen können. Unser Gefühl „sagt" uns, was wir tun sollen und was wir unbedingt vermeiden müssen, es treibt uns zu bestimmten Handlungen an und verhindert andere, in erster Linie solche, die uns schädigen würden. Ignorieren wir unsere Gefühle, führt dies zu Fehlentscheidungen und kann uns krank machen.

Beispiel
Wie wichtig der „Motor" der Emotionen für uns und unsere Entscheidungsfähigkeit ist, darauf hat der Neurologe Antonio Damasio hingewiesen. Einige seiner Patienten waren zwar in der Lage, ohne Einschränkung rational zu denken. Ihre Intelligenz war vereinzelt sogar überdurchschnittlich. Was ihnen jedoch fehlte war der gefühlsmäßige Bezug zu ihren Gedanken. Die Auswirkung war katastrophal: Auch wenn ihnen die verheerende Konsequenz einer Entscheidung rational vollkommen einleuchtete, waren sie nicht in der Lage, sich „vernünftig" zu entscheiden.

Wie sehr dürfen Sie Ihren Gefühlen vertrauen?

Im Idealfall stehen Vernunft und Gefühle im Einklang. Genau dies ist mit dem Schlagwort der „Emotionalen Intelligenz" gemeint. Allerdings ist diese Harmonie oftmals nicht gegeben. Unsere Gefühle können auch sehr „unvernünftig" sein und unseren Interessen im Weg stehen.

- Gefühle können übermächtig werden, alle anderen Gedanken verdrängen und uns lähmen. Dies trifft vor allem auf Angstgefühle zu.
- Gefühle können unkontrolliert ausbrechen. Vor allem Wutausbrüche, aber auch maßlose Sympathiebekundungen helfen uns in aller Regel nicht weiter, sondern zeigen nur eines: dass wir unbeherrscht sind.

- Wir können die „falschen" Gefühle haben. Eine gefährliche Situation erscheint uns harmlos, einen Mitmenschen, auf den wir dringend angewiesen sind, finden wir unsympathisch und lehnen seine Hilfe ab.

Gefühle haben einen tiefen Anker. Wir können sie nicht ein- und ausschalten, wenn sie uns nicht recht sind. Es hat auch keinen Sinn, sie beiseite schieben zu wollen. Wir müssen uns mit ihnen arrangieren. Denn sie sind Teil unseres Wesens. Auf der anderen Seite sollten wir uns gerade bei Entscheidungen bemühen, dass uns unsere Gefühle nicht überwältigen. Ein Mensch, der „emotionale Intelligenz" besitzt, ist im Grunde das glatte Gegenteil eines „Gefühlsmenschen", der seinen Emotionen freien Lauf lässt.

Die Macht des Unbewussten?

Nur ein kleiner Teil unserer „Gehirnarbeit" läuft unter dem Lichtkegel unseres Bewusstseins ab. Tatsächlich treffen wir eine Vielzahl von Entscheidungen mehr oder weniger unbewusst. Manchmal handeln wir „automatisch" und werden erst aufmerksam, wenn sich die Sache nicht so entwickelt, wie wir erwartet haben. In anderen Fällen glauben wir einfach das „Naheliegendste" zu tun – ohne darüber nachzudenken, wer es uns nahe gelegt hat.

Weil dieser unbewusste Teil unseres Denkens in geheimnisvollem Halbdunkel liegt, hat er um so stärkeres Interesse auf sich gezogen. Kaum ein „Erfolgstrainer" oder „Motivationsguru", der nicht die „Kraft des Unbewussten" mobilisieren will. Seriös ist das alles nicht, denn das Unbewusste ist keine Geheimwaffe, kein verborgener Ersatzmotor, der schneller fährt als unser Bewusstsein. Das Unbewusste ist unspektakulär und erfüllt seine Funktion dann am besten, wenn es unbewusst bleibt.

Nutzen Sie auch nur 10 % Ihres Hirns?

In diesem Zusammenhang wird gerne der Eindruck erweckt, als handelte es sich bei den unbewussten Vorgängen im Gehirn um Leistungen, die im psychoanalytischen Sinn „verdrängt" worden sind vom Bewusstsein, das hier „zensierend" eingegriffen habe. Diese Macht des Unbewussten müsste nun wieder „zugänglich" gemacht werden – durch bestimmte Psychotechniken. Manche Apologeten des Unbewussten verweisen darauf, dass wir mit unserem bewussten Denken nur 10 % unseres Gehirns „nutzen" würden.

Diese Argumente sind blühender Unsinn. Dass bestimmte Prozesse unbewusst bleiben, hat rein gar nichts damit zu tun, dass wir sie verdrängen. Niemand „denkt besser", wenn ihm unbewusste Prozesse bewusst werden. Davon abgesehen sprechen auch die eisernen Gesetze der Evolution gegen diese Auffassung: Wenn wir tatsächlich nur ein Zehntel unseres Gehirns nutzen würden, dann hätte es sich unweigerlich zurückgebildet und wäre auf jenes Zehntel eingeschrumpft, von dem wir wirklich Gebrauch machen.

Wenn Gefühle zu stark werden

Das Gegenstück zum gefühlskalten Entscheider ist derjenige, der sich ganz seinen Gefühlen und Stimmungen hingibt. Und der gewiss nicht weniger schwere Fehlentscheidungen trifft. Denn „reine" Gefühle entfalten eine ungute Eigendynamik, sie engen unseren Blick ein und schaden unseren Interessen.

Das hat jeder erlebt, der eine Entscheidung treffen musste, wenn er gefühlsmäßig „unter Strom" stand. Wenn er von Neid, Zorn oder Angst überwältigt war. Aber auch wenn wir uns im Freudentaumel befinden, wird es problematisch.

■ Zu starke Gefühle verhindern jede vernünftige Überlegung. Und sie haben noch einen entscheidenden Nachteil: Sie schaffen einen emotionalen Ausnahmezustand. Dies führt im Allgemeinen dazu, dass wir im Nachhinein alle Entscheidungen bedauern, weil wir nunmehr in einem anderen emotionalen Zustand sind. ■

Unter solchen Voraussetzungen können keine guten Entscheidungen getroffen werden. Sie gedeihen eher, wenn in unserem Gefühlshaushalt „Normaltemperatur" herrscht und wir geistige Bewegungsfreiheit haben.

Schaffen Sie immer die nötige Distanz

Um eine gute Entscheidung treffen zu können, brauchen wir einen gewissen Abstand zu der Situation. Wir müssen sie überblicken können, um angemessen urteilen zu können und uns zu überlegen, was wir tun können und welche Folgen unser Handeln hat.

Genau dieser nötige Abstand fehlt, wenn wir uns unseren Gefühlen überlassen. Da wir aber unsere Gefühle nur begrenzt steuern können, sollten Sie folgende Hinweise beachten.

- Treffen Sie niemals eine Entscheidung, wenn Sie gerade in einer Gefühlsaufwallung stecken. Auch nicht wenn Sie euphorisch sind. Schieben Sie die Entscheidung unbedingt auf. Sonst tut es Ihnen später Leid. Garantiert.
- Lassen Sie sich bei Ihren Entscheidungen nicht von einem Gefühl „davontragen". Steigern Sie sich nicht hinein. Versuchen Sie vielmehr zu ergründen: Was sind die Ursachen für Ihr Gefühl? Tragen Sie selbst einen Teil der Verantwortung?
- Bei allen Entscheidungen, die emotional belastet sind, sollten Sie mit Distanzierungs- und Projektionstechniken arbeiten (siehe Seite 107).

■ Die nötige Distanz ist außerordentlich hilfreich; Distanz bedeutet keineswegs, seine Gefühle einfach „wegzudrücken", sondern ihnen möglichst sachlich gerecht zu werden. ■

Gefühl und Vernunft – ein unschlagbares Team

Im Idealfall besteht ein ausgewogenes Verhältnis zwischen emotionaler Beteiligung und nüchterner, distanzierter Analyse. Sie ergänzen sich nicht nur, sondern sie greifen ineinander.

- Bleiben Sie nicht bei Ihrem ersten Eindruck stehen. Analysieren Sie, gehen Sie auf kritische Distanz, untersuchen Sie die Konsequenzen und wägen Sie ab. Halten Sie den Entscheidungsprozess nach Möglichkeit transparent.
- Wenn Sie sich bei Ihrer Entscheidungsfindung auch mal über eine „emotionale Sperre" hinwegsetzen und vorbe-

haltlos prüfen, ob eine bestimmte Option nicht doch in Frage kommt, führt dies unter Umständen auch zu einer neuen „emotionalen" Bewertung.

- Versuchen Sie Ihre Entscheidungen zum Abschluss immer emotional zu „erden": Wie „fühlt" sich Ihre Entscheidung an? Haben Sie ein ungutes Gefühl, ist dies im Allgemeinen ein sicherer Hinweis darauf, dass etwas nicht stimmt und Sie Ihre Entscheidung noch einmal überdenken sollten.

Wie dieses Zusammenspiel im Einzelnen vor sich geht, das hängt auch von der Art der Entscheidung ab, die Sie treffen müssen. Es empfiehlt sich, die jeweiligen Stärken dort zu nutzen, wo sie am besten zur Geltung kommen.

Wann der „Bauch" entscheiden sollte

Es gibt Situation, in denen Sie sich stärker von Ihren Gefühlen leiten lassen sollten, als von Ihrem Verstand:

- wenn Sie schnell zu einem brauchbaren Ergebnis kommen müssen,
- wenn über menschliche Beziehungen zu entscheiden ist,
- wenn Sie eine Entscheidung unter großer Ungewissheit treffen müssen.

Zum dritten Punkt: Natürlich empfiehlt es sich, auch unter ungewissen Bedingungen noch ein erkleckliches Maß an Rationalität zu bewahren. Was Sie hingegen vermeiden sollten: Ungewissheit durch ein rationales Verfahren zuzudecken. Dieses Vorgehen ist recht verbreitet und führt umso zuverlässiger zu Fehlentscheidungen, je komplizierter sich das Verfahren darstellt.

Wann Sie Ihrem „Kopf" die Entscheidung überlassen sollten

Situationen, in denen auf alle Fälle die rationale Seite beim Entscheiden überwiegen sollte, sind immer dann gegeben,

- wenn Sie es mit einem komplexen Problem zu tun haben, das Sie erst einmal strukturieren müssen,
- wenn es auf Genauigkeit und präzise Werte ankommt,
- wenn Sie den Eindruck haben, dass Sie voreingenommen sind.

Der letzte Punkt bedarf einer Erklärung: „Voreingenommen" sind wir natürlich in gewissem Sinne immer. Es gibt allerdings Fälle, in denen wir feststellen, dass persönliche Aversionen oder unsachliche Vorbehalte unser Urteil trüben – zu unserem Nachteil versteht sich. Wenn Sie etwa als Führungskraft den Vorschlag eines Mitarbeiters ablehnen, weil er gestern Ihren Parkplatz blockiert hat.

In solchen Fällen ist professionelle Distanz eine sehr nützliche Eigenschaft. Hier dürfen wir gerade nicht unseren Gefühlen trauen. Je genauer wir hier trennen können, desto besser für unsere Entscheidung. Manchmal hilft es auch, wenn wir uns aus solch heiklen Entscheidungen heraushalten.

Die „blinden Flecken" in unserem Denken

Wenn Sie Ihre Entscheidungsfähigkeit verbessern wollen, ist es außerordentlich hilfreich, über die „Systemfehler" in unserem Denken Bescheid zu wissen. Dies bewahrt Sie vielleicht nicht immer davor, eine Fehlentscheidung zu treffen, denn die „Systemfehler" liegen nun einmal in unserer Natur. Doch immerhin erkennen Sie, warum wir alle unter bestimmten Umständen so „unvernünftig" entscheiden – das hilft Ihnen auch, die Fehlentscheidungen von Kollegen und Mitarbeitern besser zu begreifen. Mit diesem Wissen im Hintergrund können Sie angemessener und vernünftiger reagieren.

Täuschung im Rückblick – was der „Hindsight Bias" bewirkt

Der Satiriker Karl Kraus hat über die Journalisten gespottet, bei ihnen handele es sich um einen Menschenschlag, der „im Nachhinein immer schon alles vorher gewusst" habe. Wie die Kognitionswissenschaft herausgefunden hat, ist dies keine Berufskrankheit von Journalisten, sondern eine allgemein verbreitete Selbsttäuschung.

Diese Art Selbsttäuschung nennt man „Hindsight Bias", also die Verzerrung im Rückblick. Es handelt sich um eine Gedächtnistäuschung, die in zahllosen Experimenten nachgewiesen wurde. Sobald wir die Auswirkungen einer Entscheidung kennen, hegen wir die Vorstellung, dies hätten wir ziemlich genau so vorhergesehen – oder zumindest vorhersehen können. Treffen wir eine falsche Entscheidung, die nach unserem damaligen Kenntnisstand vollkommen rational und sinnvoll war, so tendieren wir ebenfalls dazu uns einzureden, wir hätten die tatsächliche Entwicklung vorausahnen können. Anders gesagt: Spätere Informationen verändern unser Bild von der Vergangenheit. Wir „fälschen" sie sozusagen immer wieder um, passen sie unseren neuesten Erkenntnissen an – ohne jede Absicht, ja ohne dass wir es merken.

■ Der „Hindsight Bias" trübt unser kritisches Urteil: Wir treffen zufällig oder aus ganz anderen Gründen ins Schwarze und reden uns ein, wir hätten planvoll genau richtig gezielt. Alles Zufällige, Ungewisse, Unabsichtliche wird systematisch wegerklärt. ■

Beispiel
Zeichnen Sie mit Ihrem Videorekorder ein Fußballspiel gleich zweimal auf: einmal als Liveübertragung und dann als spätere Aufzeichnung. Vergleichen Sie einmal die beiden Kommentare der Moderatoren.

Verfälschte Erinnerungen begünstigen falsche Entscheidungen

Der Hindsight Bias trägt dazu bei, dass wir die Bedingungen, unter denen wir entschieden haben, falsch einschätzen. Dies bleibt nicht ohne Auswirkungen auf künftige Entscheidungen: Unter Umständen überschätzen wir unsere Entscheidungskompetenz und treffen deshalb eine äußerst riskante Entscheidung. Bestärkt durch einen neuerlichen Erfolg erhöhen wir das Risiko, bis unsere Entscheidungen geradezu verantwortungslos werden.

■ Eine solche Entwicklung scheint nach einer Erfolgsserie fast unausweichlich. Egal ob erfolgreiche Börsianer, Trendprognostiker oder Bankräuber – offenbar verleitet nichts so sehr zum Leichtsinn wie eine Reihe von Erfolgstreffern. ■

Wie können Sie einen Hindsight Bias verhindern?

Experimente belegen, dass der Hindsight Bias nachgerade unausweichlich ist. Das einzige Mittel ihn zu begrenzen: Sie versuchen Ihren tatsächlichen Entscheidungsprozess so genau wie möglich zu dokumentieren und sind im Übrigen misstrauisch gegenüber allen Behauptungen, es vorher schon genau gewusst zu haben.

Ganz verhindern lässt sich der Effekt wohl nicht. Und schließlich hat er ja auch seine angenehme Seite: Er lässt uns kompetenter erscheinen als wir tatsächlich sind. Und dies hat auch eine stark ermutigende Wirkung.

Das Gesetz der Serie – der „Frequency-Validity-Effekt"

Ein weiterer bekannter Effekt ist der so genannte Frequency-Validity-Effekt. Darunter verstehen wir die Wirkung, dass uns eine Aussage um so glaubwürdiger (valider) erscheint, je häufiger (frequenter) wir sie zur Kenntnis nehmen.

Das klingt etwas abstrakt, doch handelt es sich um ein weit verbreitetes, ganz alltägliches Phänomen.

Beispiel
Sie lesen in der Zeitung die Schlagzeile „Japanische Wissenschaftler weisen krebshemmende Wirkung von Grüntee nach." Wenn Sie wie die meisten Leser nicht genügend Vorwissen haben, um zu beurteilen, ob diese Meldung glaubhaft ist, werden Sie als skeptischer Zeitungsleser einen „indifferenten" Standpunkt einnehmen. Sie glauben der Aussage nicht ganz, aber Sie schließen nicht aus, dass etwas dran sein könnte. Wer weiß das schon?

Wenn Ihnen nun die gleiche Aussage immer wieder begegnet, werden Sie anfangen ihr mehr und mehr Glaubwürdigkeit zuzuschreiben. Dabei erhalten Sie gar nicht mehr Informationen. Sie haben noch keine Hintergrundberichte zur Kenntnis genommen oder sich auf andere Weise ein besseres Bild machen können. Das einzige, was Ihnen angeboten wird, ist die ursprüngliche Information. Ihr Kenntnisstand hat sich um kein Bit geändert. Dennoch halten Sie die Aussage nach jedem „Kontakt" für immer plausibler.

Manipulation für Anfänger

Nicht immer steckt hinter diesem simplen Effekt eine konkrete Absicht, doch lässt er sich sehr gut nutzen, um eine bestimmte Sicht der Dinge durchzusetzen – ohne den anderen mit Argumenten überzeugen zu müssen. Nicht selten werden uns in verschiedenen Zusammenhängen immer wieder die gleichen Botschaften eingehämmert. Bis sie uns aus den Ohren wieder herauskommen und wir ihnen endlich Glauben schenken.

Der Frequency-Validity-Effekt funktioniert allerdings nur, solange wir uns noch kein festes Urteil gebildet haben, solange wir noch unschlüssig sind. Eben darum versuchen manche Kommunikatoren bestimmte Themen zu „besetzen", ehe sich die Konkurrenz mit der Gegenpropaganda darauf breit macht.

Denn natürlich lässt sich der Effekt unschädlich machen, wenn die gegenteilige Behauptung mit vergleichbarer Hartnäckigkeit verbreitet wird.

Die Wiederholung macht's

Der Frequency-Validity-Effekt führt dazu, dass wir Informationen für gesichert erachten, die wir sonst nur unter Vorbehalt betrachten und eventuell noch einmal nachprüfen würden. Diese Illusion von Sicherheit kann zu einer Fehlentscheidung beitragen.

Doch Achtung: Damit ist keineswegs gesagt, dass Sie dieser Gefahr am besten begegnen können, indem Sie möglichst misstrauisch sind und alle Informationen nochmals nachprüfen. Misstrauen ist zu aufwändig und vollkommene Sicherheit gibt es ohnehin nicht. Es ist jedoch ein wesentlicher Unterschied, ob Sie das Maß der Ungewissheit abschätzen können oder sich einer Täuschung hingeben.

Die Kontrollillusion

Eng verwandt mit den eben erwähnten Täuschungseffekten ist die so genannte Kontrollillusion. Damit bezeichnen die Psychologen die menschliche Neigung, den eigenen Einfluss erheblich zu überschätzen.

Wir unterliegen der Kontrollillusion, wenn wir der Ansicht sind, wir würden die Dinge steuern, wir seien unmittelbar dafür verantwortlich, dass sich eine bestimmte Sache so und nicht anders entwickelt hat – obwohl unser Einfluss weit geringer ist. Wir blenden das komplizierte Geflecht von Ursachen einfach aus und vereinfachen die Wirkmechanismen „zu unseren Gunsten".

Wie weit unser Einfluss reicht

Die Kontrollillusion hat einen doppelten Einfluss auf unsere Entscheidungsfindung. Einen positiven und einen negativen. Positiv ist zunächst einmal, dass wir überhaupt erst entscheidungs- und handlungsfähig werden, wenn wir überzeugt sind, wir hätten die Dinge in der Hand.

Wir entscheiden, wir werden in drei Wochen Millionär, erklimmen den Aconcagua oder bringen unser Unternehmen in die schwarzen Zahlen und übersehen geflissentlich, dass es nur zu einem begrenzten Teil in unserer Macht steht, ob unsere Entscheidung Erfolg hat. Das aber versetzt uns überhaupt erst in die Lage, Dinge anzuschieben.

Auf der anderen Seite führt die Kontrollillusion auch zu dramatischen Fehleinschätzungen und Fehlentscheidungen. Viele Führungskräfte sind überzeugt, sie müssten nur die „richtigen" Entscheidungen treffen – und der Laden läuft. Sie müssten ihre Mitarbeiter „richtig motivieren" und „steuern", um das zu erreichen, was sie sich vorgenommen haben. Das ist aber ein Irrtum.

Die Welt hängt nicht nur von uns ab

Die Kontrollillusion nährt in uns die Überzeugung, wir hätten die Dinge „vollkommen im Griff" – auch wenn das, was geschieht von zahlreichen anderen Faktoren abhängt, auf die wir keinen Einfluss haben.

Beispiel
So fühlen sich viele Menschen in ihrem Auto sicherer als im Flugzeug, weil sie überzeugt sind, sie hätten es dann selbst in der Hand, einem Unfall auszuweichen. Eine eklatante Fehleinschätzung. Viele Eltern hegen die Vorstellung, sie müssten ihr Kind nur nach bestimmten Prinzipien erziehen, damit es sich nach ihren Vorstellungen entwickelt. Auch mit dieser Überzeugung liegen sie in der Regel falsch.

Wir kennen die fremden oder gar zufälligen Einflüsse nicht oder zu wenig, also blenden wir sie einfach aus. Das vereinfacht unsere Entscheidung, ja ermöglicht sie vielfach erst. Wer sich ohnehin nur für ein winziges Rädchen im Getriebe hält, der wird leicht entscheidungsunfähig.

Wie sollten Sie mit der Kontrollillusion umgehen?

Keine Frage: die Kontrollillusion ist eine durchaus nützliche Einrichtung. Sie macht uns handlungsfähig und sollte dazu führen, dass wir uns für die Ergebnisse unseres Handelns auch verantwortlich fühlen. Die Kontrollillusion gibt uns Energie und macht uns stark. Aus diesem Grund ist sie die geeignete Ausgangsbasis für alle „Erfolgstrainer" und „Motivationsgurus", die unsere Kontrollillusion bis zum Größenwahn aufblasen. Ihre Botschaft: Sie können „alles erreichen", Sie müssen sich „nur" entschließen es zu „wollen".

Darin liegt allerdings eine doppelte Gefahr: Zum einen werden Sie blind für andere Einflüsse, zum anderen machen Sie sich „voll schuldfähig", wenn eine Sache danebengeht. Davon abgesehen steckt in dieser „Botschaft" eine kaum verhohlenen Aufforderung zum Selbstbetrug.

Doch was unsere normal dimensionierte alltägliche Kontrollillusion betrifft, so besteht keine Notwendigkeit sie aufzugeben. Allerdings kann es von Fall zu Fall hilfreich sein, Einfluss und Interessen der anderen Beteiligten zu berücksichtigen und auch die Rolle des Zufalls nicht gänzlich außer Acht zu lassen.

■ Eine Kontrollillusion aufbauen kann nur jemand, der sich selbst als kompetent und einflussreich erlebt. Insoweit sollten wir uns eine Kontroll-Desillusionierung gar nicht wünschen. ■

Wenn unser Verständnis nicht reicht: Thorndikes Effektgesetz

Wenn wir in einer Situation die Zusammenhänge nicht durchschauen, halten wir uns an die folgende simple Regel: Folgt auf unsere Handlung ein angenehmer Zustand, so sollten wir sie wiederholen. Sind die (unmittelbaren) Folgen eher unangenehm, so probieren wir etwas anderes aus.

Diese Regel ist in unserem Denken sozusagen fest einprogrammiert. In der Psychologie kennt man sie unter dem Namen „Thorndikes Effektgesetz" – nach ihrem Entdecker Edward Lee Thorndike. Der amerikanische Psychologe meint, dass in unserer Vorstellung eine Handlung fester mit einer bestimmten Situation verknüpft wird, wenn unmittelbar darauf positive Wirkungen eintreten.

Beispiel
Wenn Ihr Fernseher flimmert und Sie schlagen einmal kräftig auf das Gehäuse, so wird sich Ihnen diese Handlung dann einprägen, wenn gleich

darauf das Flimmern aufhört. Flimmert der Kasten hingegen weiter, werden Sie in Zukunft eher seltener daran denken, dieses Problem mit der Faust anzugehen.

Verzögerte Folgen können wir kaum durchschauen

In unserer Alltagswelt erweist sich das Handeln nach Thorndikes Effektgesetz als außerordentlich erfolgreich. Wir probieren alles mögliche aus, bis wir die unangenehme Situation beendet haben. Das, was „letztlich" zum Erfolg geführt hat, prägen wir uns ein und wenden es beim nächsten Mal sogleich an. Was „nichts gebracht" hat, das vergessen wir.

Wenn die Wirkung einer Handlung dagegen erst mit einer gewissen Verzögerung einsetzt, sind wir überfordert. Wir durchschauen den Zusammenhang nicht und wenden völlig unzureichende Mittel an. In vielen Fällen verschlimmern wir dadurch die Lage beträchtlich.

Die „Logik des Misslingens"

Der Bamberger Psychologieprofessor Dietrich Dörner hat dieses Phänomen in seinem Buch „Die Logik des Misslingens" beschrieben. Wie Dörners Untersuchungen nahe legen, kommen wir in Situationen, in denen wir es mit zeitlich verzögerten Wirkungen zu tun haben, nicht zurecht.

Weil wir uns gemäß Thorndikes Effektgesetz nur an die kurzfristigen Folgen halten, sind wir nicht in der Lage, solche Verzögerungen zu erkennen. Sogar wenn wir uns zufällig „richtig" verhalten, lernen wir kaum dazu, weil wir die Wirkung falsch einordnen. Noch ungünstiger fällt die Bilanz aus, wenn wir in komplexen Systemen zurecht kommen müssen, die von großer Unsicherheit geprägt sind. Bei einem Planspiel entwickelten Dörners Versuchspersonen eher allerlei wüste „Verschwörungstheorien" als dass sie sich planvoll einer rationalen Lösung angenähert hätten.

Dörners Untersuchungen machen auf zweierlei aufmerksam, was Sie für Ihre Entscheidungsprozesse wissen sollten:

- In komplexen Systemen können wir mit unserem Alltagsverstand nur schwer rational entscheiden. Wir bräuchten Hilfsmittel. Aber wie sollten wir kontrollieren, dass die rationaler entscheiden als wir?
- Wenn wir mit unseren bewährten rationalen Erklärungsmodellen nicht zurechtkommen, neigen wir sehr schnell zu irrationalen Theorien.

■ Irrationale Erklärungen haben die bedenkliche Tendenz, sich zu verfestigen. Für Kritik und Zweifel sind wir dann kaum noch zugänglich. Die Gefahr ist groß, dass wir uns „verrennen". Machen Sie also mal die Probe und erklären einem Unbeteiligten, wie Sie zu Ihrer Entscheidung gelangt sind. ■

Der Anker-Haken

Wenn wir eine gute Entscheidung treffen wollen, brauchen wir festen Boden unter den Füßen. Wir suchen Halt und einen Vergleichsmaßstab. Deshalb werfen wir gewissermaßen einen „Anker" aus. Nur: Wo machen wir ihn fest? Das ist meist davon abhängig, was uns sonst noch gerade durch den Kopf geht.

Beispiel
Sie brauchen eine neue Einbauküche. Dafür möchten Sie etwa 12.000 bis 15.000 Mark ausgeben. Sie betreten ein Fachgeschäft und äußern Ihre Preisvorstellung. Der Verkäufer will Sie gerade zu den preiswerten Küchen führen, da entfährt es ihm: „Warten Sie, ich zeig Ihnen mal was." Die Küche, die er Ihnen „nur mal so" vorführt, ist ein Wunderwerk an Technik und Design. Sie sind begeistert. „Die kommt für Sie natürlich nicht in Frage", sagt der Verkäufer. „Die kostet 60.000." Dann führt er Sie zu den preiswerten Modellen. Nach einigem Hin und Her kaufen Sie eine Küche für 20.000 Mark.

Auch wenn Sie diesen Verkäufertrick durchschauen, ist es nicht leicht sich dem Sog zu entziehen, der davon ausgeht. Denn ob wir wollen oder nicht, wir stellen Vergleiche an: Eine Küche für 20.000 Mark erscheint uns gar nicht mehr so teuer, wenn wir als imaginären „Höchstwert" 60.000 Mark veranschlagen und außerdem sehen, wie viel weniger Komfort eine Lösung für 12.000 Mark bietet.

Je nachdem, wo sich unser Anker einhakt, wird das unsere Entscheidungen ganz unterschiedlich beeinflussen. Eine Gehaltserhöhung von 200 Mark macht uns wütend, wenn wir erfahren, dass unser Kollege 400 Mark mehr bekommt. Hingegen wären wir mit einem Zuschlag von 100 Mark vollkommen einverstanden, wenn feststeht, dass wir als einzige mehr bekommen haben. Dazu müssen wir gar keine besonders neidischen Zeitgenossen sein.

Preissenkung oder Preiserhöhung? Der Anker entscheidet!

Welches Geschäft ist Ihnen sympathischer? Dasjenige, das Ihnen 2 % Preisnachlass gewährt, wenn Sie bar zahlen, oder dasjenige, das Sie mit einem Preisaufschlag von 2 % bedroht, wenn Sie später zahlen? Auch wenn die Preise exakt gleich sind, neigen wir dazu, das erste Geschäft für „günstiger" zu halten.

Preiserhöhungen sind ohnehin nach Möglichkeit zu verschleiern. Wir akzeptieren es eher, wenn eine „Sonderaktion" ausläuft und die „herabgesetzte" Hose nun wieder zum (überhöhten) „Originalpreis" zu haben ist, als wenn der Händler uns schlicht mitteilt, die Hose, die er in der vergangenen Woche noch für 80 Mark angeboten hat, sei nun 40 Mark teurer. „Eine Preissteigerung von 50 %!", rufen wir entrüstet und verlassen das Geschäft.

Überlegen Sie bereits vorher, wo Sie Ihren Anker festmachen wollen. Was ist wirklich ein geeigneter Vergleichsmaßstab? Behalten Sie dabei größere Zusammenhänge im Blick. Sonst lassen Sie sich leicht von Zufälligkeiten leiten.

Fässer ohne Boden – die „sunk costs"

Aus der Betriebswirtschaft kennen wir den Begriff der „sunk costs". Damit sind all die vergeblichen Investitionen gemeint, die sich nicht mehr „zurückholen" lassen, die ein für allemal verloren, sozusagen „versunken" sind.

Solche Kosten dürften unsere Entscheidungen, was jetzt zu tun ist, eigentlich nicht beeinträchtigen. Tun sie aber doch. Wenn wir schon viel Zeit und Geld in eine Sache investiert – und verloren – haben, dann geben wir sie nicht ohne weiteres auf.

Es gibt offenbar eine psychologische Schranke, die verhindert, dass wir unsere Defizite einfach „abschreiben" und aus einem verlustreichen Geschäft aussteigen. Damit würden wir nämlich anerkennen, dass unsere vergangene Entscheidung falsch war. Also versuchen wir sie lieber irgendwie zu retten, auch wenn wir dadurch unseren Verlust vergrößern.

Beispiel
Frau Pahlke erwirbt eine Unternehmensbeteiligung. Ein Jahr später gerät das Unternehmen in Schwierigkeiten. Es benötigt neue Mittel, sonst muss es Konkurs anmelden. Frau Pahlke wäre unter Umständen bereit, noch einmal 10 000 Mark zuzuschießen. Doch da bekommt sie das Angebot, die gleiche Summe in eine andere, sehr viel versprechende Firma zu investieren. Unter normalen Umständen hätte sich Frau Pahlke natürlich für die zweite Möglichkeit entschieden. Dies wäre auch jetzt die einzig rationale Entscheidung, denn sie kann mit ihrer erneuten Liquiditätsspritze zwar das Unternehmen retten, jedoch nicht das Geld, das sie ursprünglich investiert hat, denn das ist verbraucht. Aber Frau Pahlke entscheidet sich dafür, ihrem „schlechten" Geld nun auch noch „gutes Geld" hinterher zu werfen.

Fehlentscheidungen dieser Art sind weit verbreitet. Und sie betreffen nicht nur geldliche Dinge. Immer wenn wir viel Zeit und Mühe in eine Sache gesteckt haben, erschwert dies den Ausstieg. Wenn Sie schon zwanzig Minuten in klirrender Kälte auf den Bus gewartet haben, fällt es Ihnen schwerer zum Taxistand zu gehen, als wenn Sie das sofort getan hätten.

„Das ziehen wir jetzt durch"

Auch in Unternehmen begegnet uns dieser Effekt recht häufig. Irgendwelche Projekte, die vor sich hindümpeln und von denen niemand mehr recht glaubt, dass sie zum Erfolg führen, werden „irgendwie durchgezogen" und zum Abschluss gebracht, auch wenn das noch einmal viel Geld kostet und die Beteiligten belastet.

Damit ist natürlich nicht gesagt, dass es am zweckmäßigsten wäre, ein Projekt abzublasen, sobald es in Schwierigkeiten gerät. Es ist gut und vernünftig weiterzumachen, sofern Aussicht besteht, die Sache erfolgreich abzuschließen. Außerdem müssen Sie die psychologischen „Kosten" in Rechnung stellen, wenn Sie ein Projekt abbrechen. Dies ändert aber nichts an der Grundtatsache: Das Ausmaß der „versunkenen Kosten" darf bei Ihrer Entscheidung *keine* Rolle spielen.

Die multiple Buchführung

Wie sehr uns die ganz konkreten Zusammenhänge, in die eine Entscheidung eingebettet ist, beeinflussen, zeigt das folgende, oft zitierte Beispiel.

Beispiel
Stellen Sie sich vor, Sie hätten für 50 Mark eine Theaterkarte gekauft. Als Sie in Abendgarderobe am Theater ankommen, stellen Sie fest, dass Sie Ihre Karte zu Hause vergessen haben. Was würden Sie tun? Zurückfahren lohnt sich nicht. Kaufen Sie an der Abendkasse eine neue Karte?

Die meisten Menschen, die man befragt hat, würden das nicht tun, sondern die Theaterkarte abschreiben. Ganz anders liegt der Fall, wenn man das Szenario ein klein wenig verändert: Sie haben die Karte noch gar nicht gekauft, stehen an der Abendkasse und stellen fest, dass in Ihrem Portemonnaie 50 Mark fehlen. Fast alle würden dennoch die Karte kaufen, obwohl der finanzielle Verlust in beiden Fällen gleich ist.

Wir führen getrennte Budgets

Der Grund für diese unterschiedliche Einschätzung: Es existieren gewissermaßen zwei getrennte Budgets, eines für den Theaterbesuch (Karte gekauft) und eines für unser Bargeld.

Wenn wir die Karte verlieren oder vergessen, ist somit der Theaterbesuch „gestorben". Der Verlust von 50 Mark wird als abstrakter Geldverlust verbucht, der mit dem Theaterbesuch nichts zu tun hat.

Im Geschäftsleben gibt es ebenfalls zahlreiche Beispiele für diese „multiple" Buchführung: So gilt es als Erfolg, einem Lieferanten einen leichten Preisnachlass „abgerungen" zu haben. Auch wenn dieses „Abringen" intern Kosten verursacht hat, die über die Ersparnis hinausgehen.

Eine besonders verbreitete Form der „multiplen Buchführung" erleben wir bei zeitlichen Budgets. Da wird an einer Stelle mit großem Aufwand Zeit eingespart, die dann auf der anderen Seite ohne Notwendigkeit vergeudet wird. Darüber hinaus verursachen die immer neuen Anstrengungen, (noch mehr) Zeit einzusparen, wiederum zeitliche „Kosten", die bei der „Kalkulation" oft völlig vergessen werden.

■ Zwar hat die „multiple Buchführung" auch ihre Vorteile: Mehrere kleine Budgets lassen sich besser überblicken als ein einziges, das riesig ist. Und doch: Gerade bei Sparmaßnahmen sollten Sie immer überprüfen, wie sich diese auf das „Gesamtbudget" auswirken. Und zwar langfristig. Denn oftmals erweisen sich Sparmaßnahmen als ausgesprochene Kostenfresser. ■

In fünf Schritten zur richtigen Entscheidung

Im folgenden Kapitel erfahren Sie, wie Sie ganz gezielt vorgehen können, um zu einer guten, nachvollziehbaren Entscheidung zu gelangen – und worauf Sie bei jedem Ihrer Schritte achten sollten.

1. Legen Sie Ihre Fragestellung fest

Bereits zu Anfang sollten Sie sich darüber klar werden, was Sie überhaupt entscheiden wollen. Das klingt selbstverständlich und doch ist der Fall gar nicht selten, dass die Fragestellung nur so ungefähr festliegt, wenn bereits Informationen eingeholt und Optionen überprüft werden. Vor allem bei Gruppenentscheidungen kann es fatale Folgen haben, wenn keiner genau weiß, worum es eigentlich geht.
Natürlich kann sich im Laufe des Entscheidungsprozesses Ihre Fragestellung ändern. Vielleicht stoßen Sie darauf, dass Sie das Problem grundsätzlicher angehen müssen. Oder dass Sie die Frage stärker fokussieren müssen. Auch gut, dann ändern Sie eben die Fragestellung. Sie brauchen in jeder Entscheidungsphase einen möglichst eindeutigen Ausgangspunkt.

Auf welcher Ebene bewegen Sie sich?

In vielen Fällen krankt der Entscheidungsprozess daran, dass nicht klar ist, auf welcher Ebene ein bestimmtes Problem angegangen werden soll. Das stiftet Verwirrung.

Beispiel
Herr Helmer hat sein altes Auto gerade verkauft. Nun muss er festlegen, auf welcher Ebene er eine Entscheidung treffen will:
Soll ich mir ein neues Auto kaufen (oder einen Gebrauchtwagen oder ein Auto leasen)?
Welches Auto soll ich mir kaufen (welche Marke, welcher Typ)?
Welches Auto soll ich bei meinem Autohändler kaufen?
Soll ich mir den neuen VW Golf kaufen?
Bei welchem Händler soll ich den neuen VW Golf kaufen?
Fünf völlig unterschiedliche Fragestellungen, die zu unterschiedlichen Ergebnissen führen.

Allgemeiner oder spezieller?

Es lässt sich nicht von vornherein sagen, ob es besser ist, ein Problem möglichst allgemein oder möglichst speziell zu formulieren. Beide Fragestellungen haben ihre Stärken und ihre Schwächen.

- Je allgemeiner Ihre Fragestellung desto mehr Alternativen kommen in Betracht. Vorteil: Sie halten sich viele Möglichkeiten offen. Nachteil: Der Entscheidungsprozess kann zu aufwändig werden.
- Spezielle Fragestellungen sind schneller und leichter zu entscheiden. Sie sind konkret, leichter zu „packen". Nachteil: Unter Umständen übersehen Sie bessere Alternativen.

■ Wenn Sie wenig Zeit zur Verfügung haben, sollten Sie Ihren Fokus eher eng wählen. Seien Sie sich dann aber darüber im Klaren, dass Sie sich damit einschränken. ■

Vorsicht, Sie treffen immer eine Vorentscheidung!

Sie müssen klären, was Ihr Thema ist. Damit treffen Sie bereits eine gewisse Vorentscheidung, denn das Ergebnis Ihrer Entscheidung ist stark abhängig von Ihrer Fragestellung. Wollen Sie neue Wohnzimmermöbel? Oder geht es darum, den Platz in Ihrer Wohnung effizienter zu nutzen?

Gehen Sie also mit einer gewissen Sorgfalt an die Formulierung Ihrer Fragestellung. Überlegen Sie: Ist es wirklich das, worüber ich entscheiden will? Achten Sie besonders dann auf die Formulierung, wenn Ihnen eine Entscheidung angetragen oder gar aufgenötigt wird. Hier wird nicht selten manipuliert.

Beispiel
„Also, entweder Sie entscheiden sich jetzt dafür, den Dreiphasen-Hochdruckreiniger zum Sonderpreis zu nehmen oder Sie lassen sich dieses einmalige Angebot entgehen", beendet der Vertreter seine Vorführung. „Ich muss erst mit meiner Frau sprechen", erwidert Herr Klages. „Ich gebe Ihnen morgen Bescheid."

Klären Sie, bis wann eine Entscheidung fallen muss

Ebenso wichtig für den gesamten Entscheidungsprozess: Wie viel Zeit haben Sie zu Verfügung? Das muss von Anfang an klar sein. Wenn es keinen festen Termin gibt, sollten Sie zumindest für sich einen Zieltermin festlegen. Der zeitliche Horizont hat nämlich entscheidenden Einfluss darauf, wie Sie weiter vorgehen. So sollten keine Grundsatzfragen entscheiden, wenn die Zeit drängt.

2. Klären Sie Ihre Ziele

Bei jeder Entscheidung verfolgen wir bestimmte Ziele. Diese Ziele können individuell höchst unterschiedlich sein. Der eine möchte ein Auto kaufen, das sparsam im Verbrauch ist und genug Platz für seine Kinder hat, der andere sucht ein Modell, das gut verarbeitet ist und exzellente Fahreigenschaften hat. In den meisten Fällen verfolgen wir mehrere Ziele gleichzeitig, manchmal stehen diese Ziele auch in Widerspruch zueinander. Für eine gute Entscheidung kommt es nur darauf an, dass Sie Ihre Ziele auch erfassen. Und zwar vollständig. „Verdeckte Ziele" können sich nur negativ auf Ihre Entscheidung auswirken (siehe Seite 15).

■ Schreiben Sie erst einmal alles auf, was Ihnen in den Sinn kommt. Wirklich alles. Im Lauf des Entscheidungsprozesses können Sie dann unwesentliche Ziele streichen und die Liste ordnen. ■

Wie finden Sie Ihre Ziele?

In vielen Fällen wird es nicht ausreichen, dass Sie Ihre Ziele einfach nur herunterschreiben. Die Ziele überhaupt zu erkennen ist oft wesentlich schwieriger als Sie vielleicht annehmen. Eine ganze Reihe von Fehlentscheidungen werden getroffen, weil die Ziele nicht sorgfältig genug definiert worden sind.

Beispiel

Die Firma Xentron braucht eine neue Software zur Terminplanung. Sie entscheidet sich für das qualitativ ausgereifteste Produkt, das eine Vielzahl von Funktionalitäten bietet. Was die Entscheider übersehen haben: Dadurch steigt auch der Schulungsbedarf bei den Mitarbeitern. Die Schulungen aber sind teuer und über lange Zeit ausgebucht. Solange aber nicht alle Mitarbeiter mit der Software arbeiten können, ist ein Einsatz für Xentron sinnlos.

Nehmen Sie sich also Zeit darüber nachzudenken, welche Ziele bei Ihrer Entscheidung eine Rolle spielen. Ihre Ziele finden Sie zum Beispiel durch:

- Mängel des Ausgangszustands. Was liegt im Argen? Was stört Sie? Warum? Welches Ziel liegt dahinter?
- Mögliche Probleme in der Zukunft. Was droht Ihnen? Was wollen Sie verhindern? Wovor müssen Sie sich schützen?
- Rückgriff auf übergeordnete Ziele. Haben Sie beispielsweise strategische Ziele (im Unternehmen) oder Lebensziele,

so lassen sich daraus auch bei sehr konkreten Entscheidungen Ziele ableiten.

- Externe Vorgaben. Auch diese Ziele sollten Sie nicht vernachlässigen. Ein Kunde, Auftraggeber, Vorgesetzter oder Partner erwartet etwas von Ihnen. Was müssen Sie genau erfüllen? Und bis wann?
- Die Ziele anderer Personen, die ebenfalls von Ihrer Entscheidung betroffen sind. Familie, Mitarbeiter, Vorgesetzte, Freunde, Kunden, Finanziers.

In manchen Fällen bietet es sich auch an, gedanklich etwas vorzugreifen und sich bereits von den Optionen anregen zu lassen. Sie möchten zum Beispiel einen neuen Computer kaufen. Dann könnten Sie sich die Eigenschaften und „Features" bestimmter Modelle daraufhin anschauen, ob sie für Sie wesentlich sind. Oder sprechen Sie mit erfahrenen Nutzern, die Ihnen sagen können, worauf es ankommt.

Definieren Sie die Haupt- und Nebenziele

Mit jeder Entscheidung verfolgen Sie ein Hauptziel (manchmal auch mehrere). Alle anderen Ziele sind nachrangig. Hier müssen Sie ordnen: Worum geht es in der Hauptsache, was ist außerdem noch wichtig?

> Sie sollten unbedingt vermeiden, dass sich Nebenziele vor Ihre Hauptziele schieben und so Ihre Entscheidung aus dem Ruder läuft.

Sie müssen sich also nicht nur darüber klar werden, *was* wichtig ist, sondern auch *wie* wichtig es Ihnen ist. Ein gutes Hilfsmittel sind die Scoring-Modelle (siehe Seite 84).

Gibt es Killerkriterien?

Bei vielen Entscheidungen spielen auch so genannte Killerkriterien eine Rolle, Kriterien also, die unbedingt erfüllt sein müssen, damit die Entscheidung überhaupt Sinn macht. Wer keinen Führerschein hat, braucht gar nicht darüber nachzudenken, ob er mit dem Auto in Urlaub fährt. Nicht immer liegen „Killerkriterien" so auf der Hand, wie in diesem Fall. Manchmal aber sind sie so selbstverständlich, dass man vergisst sie zu erwähnen. Es ist also sehr wichtig, dass Sie die „Killerkriterien" erfassen. Unter die „Killerkriterien" fallen auch alle Zustände, die Sie unbedingt vermeiden möchten.

Beispiel
Frau Dreher möchte in Urlaub fahren. Da sie eine Gräser- und Pollenallergie hat, scheiden bestimmte Hotels und Urlaubsorte von vornherein aus. Außerdem möchte sie ihren Hund mitnehmen. Das zweite „Killerkriterium" ist also, ob das Hotel/die Pension einen Hund akzeptiert. Erst wenn diese Bedingungen erfüllt sind, kann sich Frau Dreher über all die anderen Kriterien eines Erholungsurlaubs Gedanken machen.

Bilden Sie ein Zielsystem

Um ein effizientes Zielsystem zu erstellen, sollten Sie Ihre Ziele nicht nur nach ihrer Wichtigkeit bewerten, Sie sollten auch versuchen, Ihre Ziele in eine sinnvolle hierarchische Struktur zu bringen. Dadurch bekommen Sie eine bessere Übersicht, können das Problem besser durchdringen und Wesentliches von Unwesentlichem trennen. Gehen Sie also die ungeordnete Liste Ihrer Ziele durch und überprüfen Sie sie anhand der folgenden Checkliste.

Checkliste: Zielsystem

Überlappen sich einzelne Ziele? Oder sagen sie so ziemlich das gleiche aus? *Streichen Sie alle Doppelungen. Sorgen Sie für eine klare Trennung.*	✓
Lassen sich mehrere Ziele zu einem Oberziel zusammenfassen?	
Können Sie ein allgemein formuliertes Ziel in konkrete Unterziele auflösen? *Ihr Zielsystem kann durchaus mehrstufig sein. Das erleichtert Ihnen die Orientierung.*	
Stehen Ziele in einem direkten Zusammenhang? Gibt es eine Zweck-Mittel-Beziehung? Dann gehören sie unter keinen Umständen auf ein und dieselbe Ebene! *Dieser Punkt ist sehr wesentlich für ein brauchbares Zielsystem. Eine Zweck-Mittel-Relation verbindet zwei Elemente, die sich auf unterschiedlichen Ebenen befinden.*	

Erfüllen ohnehin alle Optionen, die Sie in Erwägung ziehen werden, Ihre Anforderung? *Dann können Sie das betreffende Ziel ruhigen Gewissens streichen.*	
Wenn Sie Ziel A anstreben, um Ziel B zu erreichen (Zweck-Mittel-Relation), müssen Sie Ziel A dem „höheren" Ziel B unterordnen. Darüber hinaus sollten Sie überlegen, was außerdem noch geeignet sein könnte, Ziel B zu erreichen. Komplettieren Sie also Ihr Zielsystem auf der Ebene von Ziel A.	
Gibt es Ziele, die zwar gleichrangig sind, doch einander ersetzen können (Entweder-Oder-Relation)? *Diese Ziele müssen Sie zu einer Kategorie zusammenfassen. Sonst kommt es zu Doppelungen und/oder verzerrten Entscheidungen.*	
Prüfen Sie, ob sich zwei Ziele komplementär zueinander verhalten, anders gesagt: ob beide Ziele nur gemeinsam einen Sinn ergeben. *Auch dann ist es ratsam, beide zusammenzufassen.*	

Das folgende Beispiel beschreibt eine Situation, in der verschiedene Ziele direkt zusammenhängen. Wird das Hauptziel mit untergeordneten Zielen auf dieselbe Ebene gestellt, verliert man den eigentlich Sinn leicht aus den Augen.

Beispiel
Herr Mock möchte ein erfolgreicher Unternehmer werden (Hauptziel). Als weitere Ziele nennt er: einen Umsatz über 15 Millionen erreichen, nach

fünf Jahren in die Gewinnzone kommen, die Anzahl der Mitarbeiter auf 20 erhöhen, in den örtlichen Unternehmerclub aufgenommen werden, die Fluktuation der Mitarbeiter niedrig halten. All diese Ziele dienen – nach Ansicht von Herrn Mock – dem Zweck, ein erfolgreicher Unternehmer zu werden. Sie befinden sich damit auf einer untergeordneten Ebene.

Gleichrangige Ziele, die sich gegebenenfalls ersetzen können, gibt es häufig. Sie suchen beispielsweise nach einer geeigneten Nachspeise. Sie möchten entweder etwas Süßes *oder* etwas Salziges essen. Würden Sie nun gleichzeitig einen optimalen süßen *und* einen optimalen salzigen Geschmack als Ziel definieren, käme wohl eine „ungenießbare“ Entscheidung dabei heraus. Bilden Sie hingegen eine gemeinsame Kategorie (z. B. „harmonischer Geschmack“), können Sie beide Varianten miteinander vergleichen.

Angenommen, Sie suchen dringend einen versierten Fachjournalisten. Es wäre unsinnig, die beiden Ziele/Anforderungen „Fachwissen“ und „Schreibtalent“ unabhängig voneinander zu untersuchen. Sein Schreibtalent wäre ohne Fachwissen genauso nutzlos wie ein exzellentes Fachwissen ohne Schreibtalent. Fassen Sie in einem solchen Fall die Ziele zusammen.

Mehrere Ebenen schaffen Überblick

Es schadet keineswegs, wenn Ihr Zielsystem mehrere Ebenen oder Stufen hat. Im Gegenteil. Das erleichtert es Ihnen, sich zurechtzufinden. Entscheidend ist zweierlei:

- Nach „oben“ hin: Alle wesentlichen Hauptziele müssen erfasst und auf einen Blick erkennbar sein.

- Nach „unten" hin: Alle Ziele müssen mit konkreten Kriterien und Messgrößen verbunden sein. Sonst hängen die Ziele buchstäblich in der Luft.

Beispiel
Sie wollen ein Geschäft eröffnen und suchen nach einem geeigneten Standort. Ihre Hauptkriterien sind die Erreichbarkeit für Ihre Kunden und die Kosten. Sie müssen nun diese beiden „Fundamentalziele" mit Inhalt füllen. Bei der Erreichbarkeit für Ihre Kunden kann es wesentlich sein, Ihren Standort nahe einer Autobahn zu wählen und ausreichend Parkplätze zur Verfügung zu haben. Gleichzeitig kann für Sie das Lohnniveau in einer bestimmten Region zum Kriterium werden, die Mietkosten oder regionale finanzielle Förderungen.

So sollte Ihr Zielsystem aussehen

- Es sollte vollständig sein. Alle Aspekte, die für die Entscheidung wesentlich sind, müssen berücksichtigt werden.
- Gleichzeitig sollte es keine Überschneidungen und Redundanzen geben. Sonst werden einzelne Kriterien mehrfach berücksichtigt. Außerdem wird Ihr Zielsystem zu kompliziert.
- Es muss klar sein, wann ein Ziel erreicht ist und wann nicht. Dazu brauchen Sie eindeutige Kriterien und klare Messgrößen. Auch alle abstrakten Ziele müssen auf solche konkreten Unterziele zurückgeführt werden können.
- Bei allem Bemühen um Vollständigkeit: Halten Sie Ihr Zielsystem möglichst einfach. Ein mehrstufiges System kann die Sache etwas erleichtern. Oder wenn Sie beim Durchmustern Ihres Zielsystems feststellen, dass der eine oder andere Aspekt doch nicht so wesentlich ist – streichen Sie ihn von der Liste und konzentrieren Sie sich auf die wesentlichen Punkte.

3. Entwickeln Sie Ihre Optionen

Erst wenn klar geworden ist, worauf es Ihnen ankommt, sollten Sie sich eingehender mit den Optionen oder Lösungsmöglichkeiten beschäftigen, die Ihnen offen stehen.

Ausgehend von Ihrer Fragestellung (Punkt 1) müssen Sie eine „Umweltanalyse" betreiben und/oder Suchstrategien festlegen, wie Sie alle wichtigen Optionen erfassen.

Dabei empfiehlt sich ein zweistufiges Vorgehen: Zunächst einmal sollten so viele Optionen wie möglich berücksichtigt werden, den Fokus Ihrer Aufmerksamkeit sollten Sie also möglichst weit öffnen. In einem zweiten Schritt muss dann eine Auslese erfolgen. Es ist sinnvoll und höchst ökonomisch, sich auf die wichtigsten Optionen zu beschränken.

Sammeln Sie die Möglichkeiten

Gehen Sie so vor wie schon bei der Zielfindung. Tragen Sie alles zusammen, was Ihnen an Lösungsmöglichkeiten in den Sinn kommt. Bei manchen Fragestellungen müssen Sie auch überlegen, auf welchem Wege Sie überhaupt an Optionen kommen können. Wenn Sie zum Beispiel eine neue Wohnung suchen, sollten Sie sich Gedanken machen, wo Sie überall brauchbare Angebote finden können: in der Zeitung, im Internet, über einen Makler, in Zeitschriften, über eine eigene Annonce, über Bekannte, über einen Aushang, durch Mundpropaganda.

Entscheiden Sie in mehreren Schritten

Gerade bei komplexeren Fragen werden Sie oftmals darauf stoßen, dass es hilfreich ist, den Entscheidungsprozess auf mehrere Stufen zu verteilen. Dadurch wird er wesentlich effizienter.

Beispiel

Frau Memminger geht in den Ruhestand. Bevor sich ihr Arbeitgeber um eine Nachfolgerin kümmert, könnte er grundsätzlich überlegen: Lässt sich das Aufgabengebiet von Frau Memminger unter den vorhandenen Mitarbeitern aufteilen? Ist es sinnvoll, die Leistung an externe Dienstleister zu vergeben? Kann intern eine geeignete Nachfolgerin gefunden werden oder sollte extern gesucht werden? Erst nachdem entschieden ist, dass man eine externe Kraft neu einstellen will, begibt sich die Firma auf die Suche und schaltet eine Stellenanzeige.

Nicht immer lassen sich die einzelnen Stufen ganz sauber voneinander trennen. So könnte sich herausstellen, dass man sich zu früh von einer bestimmten Option verabschiedet hat. Oder dass es schwer möglich ist, eine Vorentscheidung zu treffen, ehe man konkrete Optionen vor sich hat. Woher soll man wissen, ob externe Bewerber geeigneter sind als interne Kräfte, solange man noch keinen geprüft hat?

Dennoch ist es sinnvoll, mehrstufig zu entscheiden. Denn das Ergebnis einer solchen Vorentscheidung kann ja durchaus sein, dass man mehrere Wege zugleich beschreiten muss. Auch können Sie jederzeit die Vorentscheidung wieder revidieren. Der entscheidende Vorteil: Der Entscheidungsprozess bleibt transparent.

Zu viele Lösungsmöglichkeiten blockieren die Entscheidung

Bei unseren Alltagsentscheidungen neigen wir dazu, die Anzahl der Optionen rigoros zu begrenzen. Und das nicht ohne Grund: Denn wir sind gar nicht in der Lage, eine Vielzahl von Möglichkeiten auf einmal zu überschauen.

Daher der dringende Rat, damit Sie entscheidungsfähig bleiben: Beschränken Sie die Anzahl Ihrer Optionen auf das Notwendigste (mit der sehr speziellen Ausnahme: dem K.-o.-System, Seite 100). Unter Umständen müssen Sie eine weitere Stufe in Ihren Auswahlprozess einbauen.

4. Treffen Sie Ihre Entscheidung

Jetzt erst beginnen Sie mit der Entscheidung im engeren Sinn: Sie überprüfen alle Optionen, inwieweit sie Ihren Zielen und Anforderungen entsprechen. Die beste Alternative wählen Sie aus.

In manchen Fällen funktioniert das recht unkompliziert. Sie gehen die Liste Ihrer Ziele und Anforderungen durch, bewerten die Optionen und entscheiden sich für diejenige, die das beste Gesamturteil aufweist (Näheres dazu ab Seite 84).

Oftmals liegt der Fall aber nicht so einfach, denn Sie können gar nicht so ohne weiteres sagen, ob Option A oder Option B Ihren Zielen besser entspricht. Entweder wissen Sie noch nicht genügend (dann müssen Sie darüber nachdenken, ob sich der Aufwand lohnt, weitere Informationen zu beschaffen), oder aber eine sichere Beurteilung wird überhaupt erst in Zukunft möglich sein.

Beispiel
Wenn Sie einen Staubsauger kaufen wollen und Ihre Kriterien sinnvoll festgelegt haben, spricht alles dafür, dass Sie sich für ein geeignetes Modell entscheiden. Anders liegt der Fall, wenn Sie entscheiden müssen, ob Sie eine riskante Herzoperation durchführen lassen oder nicht. Hier können Sie noch so viele Informationen einholen, Sie müssen immer unter Unsicherheit entscheiden. Und mit einem erheblichen Risiko.

Entscheidungen unter Unsicherheit

Streng genommen können wir niemals „sicher" sein, ob unsere Entscheidung auch zu dem gewünschten Erfolg führt. Doch können wir ein gewisses „Restrisiko" getrost ignorieren. Wir müssen es sogar tun, um handlungsfähig zu bleiben.

Wenn das Maß der Unsicherheit jedoch eine gewisse Grenze überschreitet, müssen wir das bei unserer Entscheidung berücksichtigen. Wo diese Grenze beginnt, ist einerseits abhängig von unserer persönlichen „Risikobereitschaft", andererseits aber auch von dem Ausmaß der Gefahr, die mit einem Fehlschlag verbunden wäre.

Beispiel
Wenn die Wahrscheinlichkeit 1:10 beträgt, dass wir beim Falschparken erwischt werden, würden viele das Risiko eingehen und sich keine Sorgen machen. Wenn wir in die Nähe einer Chemiefabrik ziehen, würde uns die Aussage, für die Dauer unseres Wohnens sei ein Unfall mit einer Wahrscheinlichkeit von 1:10 zu erwarten, vermutlich auf die Barrikaden treiben.

Mit aller Wahrscheinlichkeit die richtige Entscheidung?

Bei allen Entscheidungen unter Unsicherheit müssen Sie Vermutungen darüber anstellen, mit welcher Wahrscheinlichkeit ein bestimmtes Ereignis eintritt, wenn Sie diese oder jene Entscheidung treffen.

Das Problem ist nur: Solange es sich nicht um ganz simple, einfach zu durchschauende Zusammenhänge handelt, kommen wir mit dem Wahrscheinlichkeitsdenken nicht gut zurecht. Wir verschätzen uns systematisch. Oder wir wissen gar nichts mit den Informationen anzufangen.

Beispiel
Der Arzt eröffnet der werdenden Mutter: „Die Wahrscheinlichkeit, dass Ihr Kind einen schweren Herzfehler hat, beträgt 1:20. Um das herauszufinden, müssen wir eine Fruchtwasseruntersuchung machen. Das Risiko, dass es in Folge dieses Eingriffs zu einer Fehlgeburt kommt, beträgt etwa 1:50." Soll die Frau der Untersuchung zustimmen? Sie weiß es nicht. Eine rein rationale Entscheidung ist hier ohnehin kaum möglich, dabei kann sie sich das mögliche Risiko nicht einmal vorstellen.

Nun lässt sich hier immerhin noch argumentieren, dass es für einen einfühlsamen Arzt im Prinzip möglich sein sollte, die „nackten Zahlen" in eine verständlichere Sprache zu übersetzen und zu beraten. In vielen Fällen aber *kennen* wir die Wahrscheinlichkeitsverteilung gar nicht. Wir müssen ins Blaue hinein spekulieren – und tun dies auch.

„Zu 70 % haben wir den Auftrag schon sicher", meinen wir zuversichtlich. Uns sollte aber klar sein, dass es sich um eine bloße Vermutung handelt. Sollten Sie auf die Idee kommen, solche „intuitiv" erzeugten Werte in eine Entscheidungsmatrix einzutragen oder einer Simulationssoftware anzuvertrauen, laufen Sie Gefahr, eine Scheingenauigkeit zu produzieren, die Ihr Ergebnis verfälscht.

- Risikoabschätzung mit dem „gesunden Menschenverstand" funktioniert nicht. Ob ein Risikofall mit der Wahrscheinlichkeit 1:10, 1:20 oder 1:300 auftritt, hat oft nur geringe Auswirkungen auf den Grad unserer Besorgnis.
- Sobald auch nur zwei Wahrscheinlichkeitswerte aufeinander bezogen werden müssen, versagt unsere mathematische Intuition – wie Untersuchungen gezeigt haben, sogar bei Fachleuten.

- Wir neigen dazu, Verluste stärker zu bewerten als Gewinne. Ein kleinerer Gewinn ist uns allemal lieber, wenn wir dadurch das Risiko verkleinern können, etwas zu verlieren. Sogar dann, wenn wir uns unter rationalen Gesichtspunkten für die schlechtere Option entscheiden.

Sicher entscheiden unter Unsicherheit

Je größer die Unsicherheit, desto höher das Risiko, eine Fehlentscheidung zu treffen. Daher sollten Sie sich bemühen die Unsicherheit zu reduzieren, vor allem bei Entscheidungen, von denen sehr viel abhängt. Holen Sie weitere Informationen ein, schauen Sie sich vergleichbare Fälle an und analysieren Sie die Ergebnisse. Was ist bei Ihnen anders? Welche Schlussfolgerungen können Sie daraus ziehen?

Auf der anderen Seite ist Unsicherheit ein sehr subjektiver Begriff. Oftmals werden krasse Fehlentscheidungen ja von Leuten getroffen, die sich ihrer Sache „hundertprozentig sicher" waren. Entgehen Sie dieser Gefahr und streben nicht dort Sicherheit oder Gewissheit an, wo keine ist. Sonst produzieren Sie eine trügerische Scheinsicherheit, die Ihnen mehr schadet als nützt.

- In vielen Fällen werden Sie keine andere Wahl haben als Ihrer Intuition zu vertrauen. Haben Sie ruhig den Mut dazu. Denn daraus erwachsen durchaus nicht die schlechtesten Entscheidungen.

Sobald Sie es allerdings mit „harten" Wahrscheinlichkeitswerten zu tun bekommen, sollten Sie Ihrem Alltagsverstand gründlich misstrauen. Entweder wenden Sie sich an jemanden, der so viel Kompetenz besitzt, Ihnen die Zahlen richtig zu „übersetzen". Oder Sie eignen sich selbst die Grundlagen von Stochastik und Statistik an, um wenigstens die häufigsten Irrtümer zu vermeiden (Literaturhinweise auf Seite 125).

Ist Ihre Entscheidung wieder rückgängig zu machen?

Das Risiko einer Fehlentscheidung nimmt dramatisch ab, wenn Sie die Sache ohne großen Aufwand wieder rückgängig machen können. Gerade wenn Sie unter Unsicherheit und mit hohem Risiko entscheiden müssen, kann das Kriterium der „Rückholbarkeit" einer Entscheidung ausschlaggebend sein.

5. Prüfen Sie das Ergebnis

Jede Entscheidung gibt Ihnen Gelegenheit, Ihre Entscheidungsfähigkeit zu verbessern. Voraussetzung ist eine gründliche, aufrichtige Analyse, die Sie allerdings erst anstellen sollten, wenn die Folgen Ihrer Entscheidung für Sie tatsächlich absehbar sind. Sehr nützlich ist es, wenn Sie bei Ihrer Analyse auf frühere Aufzeichnungen zurückgreifen können. So vermeiden Sie den „Hindsight Bias" (siehe Seite 48). Verwenden Sie zur Prüfung früherer Entscheidungen die folgende Checkliste.

Checkliste: War Ihre Entscheidung richtig?

Haben Sie wirklich das bewirkt, was Sie bewirken wollten? ____
In welchen Aspekten weicht das Ergebnis von Ihren Erwartungen ab? Sind manche Erwartungen auch übertroffen worden? ____
Welche Gründe gibt es für die Abweichungen? Fehleinschätzungen, unvollständige oder falsche Informationen, Unvermögen, technische Probleme, Zufall? ____
In welchen Punkten waren Ihre Annahmen zu optimistisch, in welchen zu pessimistisch? ____
Haben Sie Ihre eigenen Fähigkeiten richtig eingeschätzt? Überschätzt? Unterschätzt? ____
Haben Sie wichtige Optionen übersehen? Die Fragestellung falsch formuliert? ____
Überprüfen Sie Ihr Zielsystem: Haben Sie die richtigen Prioritäten gesetzt? ____
In welchen Punkten müssen Sie das Ergebnis noch nachkorrigieren? ____
Würden Sie die gleiche Entscheidung heute noch einmal treffen? ____

■ Nicht nur aus Fehlern kann man lernen! Halten Sie ebenso fest, was gut gelaufen ist und nutzen Sie diese Erfahrung, um eine „best practice" aufzubauen. ■

Entscheidungstechniken – Entscheidungshilfen

Entscheidungstechniken sollen vor allem eines leisten: Ihnen die Entscheidungen erleichtern. Wenn Sie mit einer Methode nicht zurecht kommen, ändern Sie sie ab oder nehmen Sie eine andere.

Die Nutzwertanalyse

Die Nutzwertanalyse, auch Scoring-Modell, genannt, ist eine einfache, weit verbreitete und effektive Matrixtechnik, die sich für Einzel- und Gruppenentscheidungen eignet. Was leistet die Nutzwertanalyse?

- Sie hilft Ihnen aus einer Anzahl von Optionen diejenige auswählen, die Ihren Anforderungen (Zielen) insgesamt am besten entspricht.
- Sie eignet sich für Entscheidungen, bei denen Sie viele unterschiedliche Anforderungen berücksichtigen müssen (also zum Beispiel wenn Sie ein Produkt auswählen oder entscheiden wollen, welcher Bewerber für eine Stelle der geeignetste ist).

Wie gehen Sie vor?

Im Entscheidungsprozess setzen Sie diese Technik bei Schritt 4 ein (Seite 77). Das heißt, Sie müssen die ersten drei Schritte bereits vollzogen haben. Sie verfügen also über eine präzise Fragestellung, eine Liste Ihrer Anforderungen (Zielsystem) und eine Aufstellung sämtlicher Lösungsmöglichkeiten.

Überprüfen Sie die Kriterien und gewichten Sie sie

Ihre Liste mit den Bewertungskriterien darf auf keinen Fall Überschneidungen und Doppelungen enthalten. Sie würden sonst auch das betreffende Kriterium doppelt bewerten und damit Ihre Auswahl verfälschen. (Im Übrigen gelten die Hinweise von Seite 73).

Nun müssen Sie jedes Kriterium seiner Bedeutung entsprechend gewichten, d. h. Sie übersetzen seine Bedeutung in einen Zahlenwert. Dabei sind zwei Verfahren denkbar:

- Die Bedeutung wird nach einer bestimmten Skala (z. B. von 1–10) bewertet.
- Ausgehend von einem hypothetischen „Gesamturteil" wird überlegt, wie groß der Anteil des jeweiligen Kriteriums daran ist. 100 % werden sozusagen verteilt.

Das erste Verfahren ist einfacher durchzuführen und wird deshalb in der Praxis meist eingesetzt – allerdings nicht immer vollkommen korrekt (siehe unten).
Das zweite Verfahren ist zwar umständlicher, jedoch in gewisser Hinsicht „gerechter", weil es näher dran ist, an dem, was ja tatsächlich stattfindet: nämlich eine Bewertung, wie stark die einzelnen Kriterien in das Gesamturteil eingehen.

Missverständnisse beim Skalenverfahren

Die Bedeutung der Bewertungsskala wird häufig missverstanden. Diese Skala ist eine so genannte *metrische* Skala, d. h. jeder Wert entspricht genau dem Zahlenwert. Ein Kriterium, das Sie mit 6 bewerten, ist doppelt so wichtig wie eines mit dem Wert 3.

Manche neigen jedoch dazu, die Skala als so genannte „Ordinalskala" zu begreifen, also als eine Art Tabelle, die eine Rangfolge festlegt. Dem wichtigsten Kriterium geben sie 10 Punkte, dem zweitwichtigsten 9 Punkte und so fort. Dies liefert jedoch völlig irreführende Resultate.

Beispiel
Sie möchten eine Stereoanlage kaufen. Das wichtigste Kriterium für Sie ist die Klangqualität, mit gewissem Abstand folgen Benutzerfreundlichkeit, Ausstattung und der Preis, die Ihnen jeweils gleich wichtig sind. Würden Sie 10, 9, 8 und 7 Punkte vergeben, kämen Sie zu einem verzerrten Ergebnis. Unter Umständen würde die Anlage mit der schlechtesten Klangqualität die höchste Punktzahl erreichen. Eine bessere Gewichtung wäre es, wenn Sie der Klangqualität 10 Punkte und den anderen drei Kriterien jeweils 3 Punkte zuerkennen.

Erstellen Sie die Bewertungsmatrix

Auf der einen Seite haben Sie eine Reihe von Bewertungskriterien (Ziele), auf der anderen eine Reihe von Optionen. Beide tragen Sie in eine Tabelle ein: Die Optionen bilden die Zeilen, die gewichteten Kriterien die Spalten. Daraus ergibt sich eine Matrix, Ihre Bewertungsmatrix. Diese Bewertungsmatrix müssen Sie ausfüllen. Wiederum vergeben Sie Punkte, z. B. nach einer Skala von 0 bis 10: Null Punkte bedeutet „sehr schlecht/ungünstig", zehn Punkte vergeben Sie, wenn keine Wünsche offen bleiben.

Beispiel
Sie suchen eine Entscheidung zu der Frage: „Braucht unser Unternehmen eine neue Telefonanlage?" Sie haben fünf Optionen zur Auswahl: die alte Telefonanlage weiter zu verwenden, eine neue zu kaufen, eine neue zu leasen, die alte zu modernisieren oder die Anlage outzusourcen. Diese Optionen bewerten Sie nach fünf Kriterien: Anschaffungskosten, Betriebskosten, Service, Komfort und Zuverlässigkeit. Daraus ergibt sich die Matrix 1 auf Seite 87.

Matrix 1

	Anschaf-fungs-kosten	Betriebs-kosten	Service	Komfort	Zuver-lässig-keit
Alte Telefon-anlage	10	6	2	2	3
Kauf	2	7	7	8	8
Leasing	7	2	8	8	8
modernisieren	7	7	5	5	5
outsourcen	9	4	9	19	7

Matrix 2

	Anschaf-fungs-kosten	Betriebs-kosten	Service	Komfort	Zuver-lässig-keit	Ge-samt
Gewich-tungsfaktor	6 (24 %)	4 (16 %)	5 (20 %)	2 (8 %)	8 (32 %)	25 (100 %)
Alte Telefon-anlage	60	24	10	4	24	**122**
Kauf	12	28	35	16	64	**155**
Leasing	42	8	40	16	64	**170**
modernisieren	42	28	25	10	40	**145**
outsourcen	54	16	45	20	56	**191**

Gewichten Sie die Punktzahlen

Nun müssen die Kriterien ihrer Bedeutung nach gewichtet werden. Dazu müssen Sie den Punktwert entweder mit dem Skalenwert oder dem Prozentwert multiplizieren, je nachdem für welches Gewichtungsverfahren Sie sich entschieden haben.

Das Ergebnis erhalten Sie, indem Sie alle gewichteten Werte addieren. Die Alternative mit der höchsten Punktzahl entspricht am besten den Anforderungen, die Sie festgelegt haben. Die Alternative mit dem geringsten Wert ist die ungünstigste. Gemäß den in unserem Beispiel festgelegten Kriterien wäre es also am günstigsten, die Telefonanlage outzusourcen (siehe Matrix 2, Seite 87).

Die Tücken der Technik

So weit, so einleuchtend. Dennoch werden Sie vermutlich hin und wieder eine Überraschung erleben, welche Alternative die höchste Punktzahl erreicht. Vor allem wenn Sie noch etwas ungeübt in dieser Entscheidungstechnik sind. Die Gewichtung der Kategorien hat nämlich so ihre Tücken. So kann es Ihnen passieren, dass eine Alternative, die in allen anderen Kategorien ziemlich schlecht abschneidet, plötzlich als beste erscheint, weil sie in der Kategorie weit vorne liegt, die Sie als besonders wichtig eingestuft haben. Dagegen ist zunächst gar nichts einzuwenden; problematisch wird es nur, wenn die Kategorien, in denen die Alternative schlecht abgeschnitten hat, gewisse Mindestanforderungen bezeichnet haben, die die vermeintlich beste Alternative nun nicht erfüllt.

Beispiel

Gesucht wird ein geeigneter Teamleiter für eine interdisziplinäre Arbeitsgruppe, die eine neue Vertriebsstrategie konzipieren soll. Die höchste Punktzahl erreicht ein fachlich hoch qualifizierter Mitarbeiter (Faktor 4), der über hervorragende Führungsqualitäten verfügt (Faktor 8) – nur leider kein Deutsch spricht (Faktor 3).

Um solche Effekte zu verhindern – die in der Praxis natürlich weit subtiler wirken –, haben Sie zwei Möglichkeiten:

- Sie legen bei einzelnen Kategorien bestimmte Mindestwerte fest, die erreicht werden müssen. Wird der Wert nicht erreicht, scheidet die Alternative aus („Killerkriterium", siehe Seite 69) oder Sie ziehen eine vorher festgelegte Zahl von Punkten ab.
- Sie addieren die Werte nicht, Sie multiplizieren sie. Auf diese Weise werden die Chancen der Alternativen geschmälert, die mehrere „Ausreißer" nach unten haben. Günstigere Chancen haben dann die Alternativen, die in allen Kategorien ein halbwegs passables Ergebnis erzielen. Die Frage ist, ob *solche* Alternativen die besseren sind.

Die Wertanalyse ist eine sehr verbreitete und nützliche Entscheidungshilfe. Allerdings verlangt sie etwas Übung. Beginnen Sie also mit einfachen Entscheidungen, die Sie auch „freihändig" treffen können. Unter Umständen müssen Sie die Gewichtung der Kategorien „nachjustieren".

Der Entscheidungsbaum

Manche Entscheidungen fallen uns wesentlich leichter, wenn wir sie bildlich darstellen können. Ein geeignetes Hilfsmittel, um mehrstufige Entscheidungsprozesse abzubilden, ist der so genannte Entscheidungsbaum.

- Er macht komplexe, mehrstufige Entscheidungen transparent.
- Zusammenhänge werden deutlicher und Prozesse klarer strukturiert.
- Der Entscheidungsbaum kann Ihnen auch helfen, im Nachhinein Fehleinschätzungen zu erkennen – und zu korrigieren.

Wie gehen Sie vor?

Sie gehen von einer Fragestellung oder einem bestimmten Ereignis aus, das Sie auf einem Blatt oben notieren. Von diesem Ausgangspunkt verzweigen sich zwei (oder mehr) „Äste", die Ihre Entscheidungsmöglichkeiten bezeichnen.

Auf der nächsten Ebene können jeder Entscheidung weitere Elemente zugeordnet werden: Ereignisse oder Zustände, Folgeentscheidungen oder Konsequenzen. Aus Gründen der Übersichtlichkeit gibt es für diese Elemente drei unterschiedliche Symbole:

- Vierecke für (Ihre) Entscheidungen
- Kreise für Ereignisse oder Zustände
- Dreiecke für die Konsequenzen

Von diesen Elementen können weitere Entscheidungen, Konsequenzen oder Ereignisse abzweigen. Bis zu der Ebene, die Sie als vorläufiges Ergebnis Ihrer Entscheidung akzeptieren würden: Das ist die Ebene der Konsequenzen.

> ■ Wichtig: Auf jeder Ebene gibt es nur Elemente *eines* Typs. Also nur Entscheidungen oder nur Ereignisse oder nur Konsequenzen. ■

Sehr verbreitet ist ein Drei-Schichten-Modell: Auf die Ausgangsfrage folgt die erste Schicht mit den Optionen, unter denen Sie wählen müssen. Die zweite Schicht bringt die Ereignisse ins Spiel, die nach der betreffenden Entscheidung eintreffen können. In der dritten Schicht erfassen Sie die Konsequenzen und Ergebnisse, die sich jeweils ergeben.

Der Entscheidungsbaum

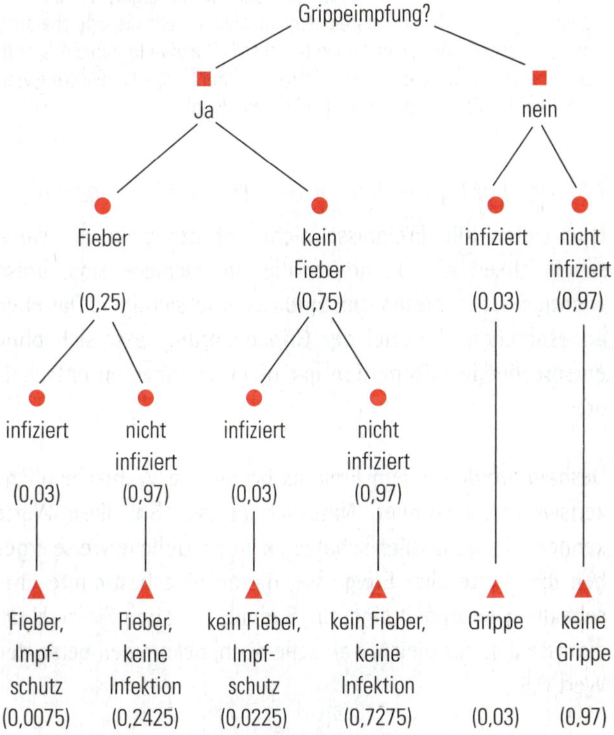

Der Entscheidungsbaum hilft Ihnen, verschiedene Entscheidungsmöglichkeiten (Optionen) mit ihren jeweiligen Konsequenzen darzustellen. Sie bekommen auch einen Überblick, mit welcher Wahrscheinlichkeit bestimmte Ereignisse eintreten.

Beispiel
Ihnen wird eine Grippeimpfung empfohlen. Allerdings kann die Impfung selbst in vereinzelten Fällen Fieber auslösen. Daraus ergibt sich ein Vier-Schichten-Modell: In der ersten Schicht geht es um die Entscheidung „impfen lassen" oder „nicht impfen lassen". Die zweite Schicht betrifft das Fieber (Ereignis), die dritte die Infizierung mit Grippeviren und die vierte schließlich die Konsequenzen (siehe Abbildung).

Mit welcher Wahrscheinlichkeit tritt ein Ereignis ein?

Nun treten alle Ereignisse nicht mit der gleichen Wahrscheinlichkeit ein. Je größer die Unterschiede sind, umso wichtiger ist es, diesen Umstand zu berücksichtigen. Das eben angesprochene Beispiel der Grippeimpfung lässt sich ohne entsprechende Information gar nicht angemessen entscheiden.

Deshalb werden jedem Ereignis bestimmte Wahrscheinlichkeitswerte zugeordnet. Natürlich müssen Sie diese Werte kennen oder verlässlich schätzen können. Üblicherweise ergeben die Werte aller Ereignisse, die an eine bestimmte Entscheidung gekoppelt sind, die Summe 1. Halten Sie zwei Ereignisse also für gleich wahrscheinlich, bekommen beide den Wert 0,5.

Beispiel
Die Wahrscheinlichkeit, dass Sie nach der Impfung Fieber bekommen, beträgt 25 %. Daraus ergibt sich für das Ereignis „Fieber" der Wert von 0,25, während das Ereignis „kein Fieber" 0,75 zugeordnet bekommt. Das Risiko einer Infektion beträgt für Sie 3 % (0,03), die Wahrscheinlichkeit, keine Infektion zu bekommen erhält also den Wert 0,97.

Multiplizieren Sie mal!

Bei komplexen Entscheidungen haben Sie es meist mit mehreren Ereignis-Stufen zu tun. Wenn der Fall A eintritt (und nicht B), dann kann nun Fall C oder Fall D eintreten, woraus sich unterschiedliche Konsequenzen ergeben. Doch mit welcher Wahrscheinlichkeit?

Hier gilt die Multiplikationsregel. Sie müssen die Wahrscheinlichkeitswerte von Fall A und Fall C bzw. Fall D miteinander multiplizieren.

Beispiel
Die Wahrscheinlichkeit, dass Sie nach einer Impfung Fieber bekommen und infiziert werden, beträgt 0,75 % (0,25 x 0,03 = 0,0075). Die Wahrscheinlichkeit, dass Sie nach einer Impfung kein Fieber bekommen und auch nicht infiziert werden, beträgt 72,75 % (0,75 x 0,97 = 0,7275).

Das Problem ist allerdings, dass Sie in den meisten Fällen die Wahrscheinlichkeitswerte gar nicht kennen. Dann müssen Sie schätzen. Und solche Schätzwerte sind nicht nur ungenau bis willkürlich, sie haben auch die fatale Tendenz, sich zu verfestigen und Ihr Ergebnis zu verfälschen. Daher kann nur empfohlen werden, mit solchen Schätzungen äußerst behutsam umzugehen.

■ Vorsicht: Die Multiplikationsregel hat den Effekt, dass Sie am Ende, wenn Sie Ihren Fall allzu detailliert „aufgedröselt" haben, winzig kleine Zahlenwerte erhalten, die dann kaum noch eine Aussagekraft haben. ■

Die Konsequenzen

Am Ende eines jeden Entscheidungsbaums, gewissermaßen als Baumkrone (oder -wurzel), sind die Konsequenzen aufgelistet, die sich aus den jeweiligen Entscheidungen ergeben. Diese Liste hilft Ihnen, Ihre Entscheidung zu treffen. Gehen Sie die Konsequenzen einzeln durch und prüfen Sie, welche Ihren Zielen am nächsten kommen. Mit welcher Wahrscheinlichkeit treten sie ein?

Im Idealfall beziehen sich alle Konsequenzen auf ein und dieselbe Sache. Zum Beispiel, wie viel Geld Sie einnehmen. Dann können Sie die verschiedenen Alternativen am besten gegeneinander abwägen. Zum Beispiel: Wenn Sie Alternative A wählen, gewinnen Sie 10 000 Mark unter der Voraussetzung, dass Ereignis x eintritt. Wenn Ereignis y eintritt, verlieren Sie 3 000 Mark.

Je stärker die Konsequenzen inhaltlich auseinander driften, desto weniger aussagekräftig wird der Entscheidungsbaum.

Beispiel

Herr Jakob will entscheiden, ob er sich einen Hund anschaffen soll. Am Ende seines Entscheidungsbaums tauchen je nach Entscheidung und Ereignis folgende Konsequenzen auf: „Kann nicht mehr frei verreisen", „5 000 Mark", „jeden Tag im Park spazieren gehen" und „keinerlei Schutz gegen Einbrecher". Herr Jakob weiß nicht recht, was er jetzt entscheiden soll.

Sie brauchen für die Konsequenzen also so etwas wie einen „gemeinsamen Nenner", nämlich Ihre Entscheidungskriterien, Ihre Ziele (siehe Seite 66). Haben Sie mehrere Ziele, so brauchen Sie auch mehrere Entscheidungsbäume.

Was können Sie aus dem Entscheidungsbaum ablesen?

Der Entscheidungsbaum zeigt Ihnen, welche Konsequenzen sich aus Ihren Entscheidungen und bestimmten Ereignissen ergeben können. Dabei müssen Sie stark vereinfachen. Sie können nur wenige Ereignisse unterbringen. Außerdem müssen Sie Eindeutigkeit herstellen, die nicht immer gegeben ist. Für Zwischentöne ist in einem Entscheidungsbaum kein Platz. Die eigentliche Leistung des Entscheidungsbaums besteht denn auch darin, dass Sie einen Überblick bekommen und dass Sie gezwungen sind, Ihr Denken zu strukturieren.

Bringen Sie die Konsequenzen in eine Rangordnung

Für welche Alternative Sie sich entscheiden, bleibt Ihren Vorlieben überlassen. Um die richtige Alternative zu wählen, ist es zweckmäßig, alle Konsequenzen in eine Reihenfolge zu bringen: Was ist Ihnen am liebsten, was ist am ungünstigsten? Vielleicht können Sie auch Punkte vergeben von 0 (ungünstig) bis 10 (sehr günstig).

Laplace, Minimax und Maximax

Um die geeignete Entscheidung auszuwählen, können Sie auf drei klassischen Entscheidungsregeln zurückgreifen, die für Entscheidungen unter Unsicherheit (also ohne präzise Wahrscheinlichkeitswerte) gelten:

- Nach der Minimax-Regel wählen Sie die Option, die beim Eintreten des ungünstigsten Falls das höchste Ergebnis aufweist. Sie gehen also auf Nummer sicher.

- Nach der Maximax-Regel entscheiden Sie sich für die Option, die im günstigsten Fall das höchste Ergebnis erzielt. Es ist eine Regel für Optimisten.
- Nach der Laplace-Regel müssen Sie alle Ereignisse, die bei Auswahl einer bestimmten Alternative auftreten können, aufsummieren. Wenn Sie also – je nachdem, ob Ereignis A oder B eintritt – im einen Fall 10 000 Mark gewinnen oder 5 000 verlieren können, wäre die Summe 5 000. In einem anderen Fall, da sie 10 000 Mark gewinnen aber 8 000 verlieren können, wäre die Summe nur 2 000 Mark. Sie würden sich also für die erste Option entscheiden.

Wählen Sie aus!

Im konkreten Fall ist es nicht immer zu empfehlen, strikt nach einem bestimmten Schema vorgehen. Vielmehr sollten Sie die Konsequenzen auch in Ihrer Schwere gegeneinander abwägen und in eigener Verantwortung eine Entscheidung fällen.

Wenn Sie die Wahrscheinlichkeitswerte kennen, könnten Sie Ihre Entscheidung geradezu ausrechnen. Voraussetzung ist allerdings, dass Sie auch die Konsequenzen in präzise Zahlenwerte umrechnen können. Bei der Grippeimpfung ist das kaum möglich, denn dann müssten Sie für das Fieber und die Grippe harte Zahlen angeben. Wenn solche harten Zahlen jedoch verfügbar sind, kann Ihnen die Rechnung durchaus weiterhelfen.

Beispiel

Bei Entscheidung A machen Sie zu 40 % einen Gewinn von 10 000 DM und zu 60 % einen Verlust von 2 000 DM. Bei Entscheidung B gewinnen Sie zu

60 % 2 000 DM und verlieren zu 40 % 1 000 DM. Wie würden Sie entscheiden? Mathematisch liegt der Fall ganz klar: Entscheidung A ist zu bevorzugen. Sie erzielt ein Gesamtergebnis von 2 800 DM (0,4 x 10 000 DM + 0,6 x – 2 000 DM), während Entscheidung B nur auf 800 DM kommt (0,6 x 2 000 DM + 0,4 x – 1 000 DM). Dennoch würden sich viele für B entscheiden. Warum? Für Sie es wichtiger, den Verlust gering zu halten als viel zu gewinnen – mathematisch gesehen eine Fehlentscheidung.

Checklisten

Checklisten erfreuen sich großer Beliebtheit, kaum ein Ratgeber, der ohne Checklisten auskommt. Dabei gibt es zwei Arten dieser Listen. Die einen sollen Sie dabei unterstützen, ein bestimmtes Problem zu lösen, z. B.: „Worauf muss ich achten, wenn ich zu einem Vorstellungsgespräch gehe?". Die anderen sind eher als Entscheidungshilfe gedacht und geben Ihnen Kriterien zur Beurteilung an die Hand, z. B. eine Checkliste zum Wohnungskauf.

Die Fertig-Checkliste

Gute Checklisten können Ihre Entscheidung sehr erleichtern, wenn es um ein ganz spezifisches Problem geht und Sie etwas ratlos sind, wie Sie denn die Sache angehen sollen.

Vor allem sparen Sie viel Zeit, wenn Sie nur die Checkliste durcharbeiten müssen, um alle wichtigen Gesichtspunkte zu erfassen. Allerdings sind solche durchdachten Checklisten recht selten. Häufig bleiben sie an der Oberfläche, geben nur vage Hinweise und sind wenig praxisorientiert.

Hinzu kommt ein generelles Problem: Checklisten müssen meist allgemein bleiben und sich auf die häufigsten Fälle konzentrieren. Da bleibt es nicht aus, dass manche Dinge eben nicht berücksichtigt werden können. Umfangreiche Checklisten, die alle möglichen Sonderfälle berücksichtigen, sind dagegen wenig benutzerfreundlich.

Checklisten zum Selbermachen

Es gibt Entscheidungen, die Sie nicht nur einmal, sondern immer wieder treffen müssen. Wir haben es bereits angesprochen, wie nützlich es sein kann, nicht nur aus seinen Fehlern, sondern auch aus dem zu lernen, was man gut gemacht hat. Wenn Sie Ihren Entscheidungsprozess laufend dokumentieren, haben Sie sozusagen das „Rohmaterial" schon in der Hand. Im Nachhinein sollten Sie die verschiedenen Stationen Ihrer Entscheidung noch einmal durchgehen und auf folgende Fragen hin untersuchen:

- Welche Informationen haben Sie bei diesem Schritt gewonnen?
- War dieser Schritt sinnvoll? War er effektiv? Hätte er besser organisiert werden können?
- Hätte dieser Schritt vorher stattfinden können? Ließe sich dadurch Zeit gewinnen? Oder sollten Sie ihn besser nach hinten verlegen?
- Lässt sich dieser Schritt durch einen anderen ersetzen? Kann er unter Umständen fortfallen (weil Sie die Information jetzt haben) oder mit einem anderen zusammenlegen?

- Hätten Sie eigentlich noch mehr Informationen einholen müssen? Wo lassen sich diese beschaffen? Mit welchem Aufwand?

Alles in allem bekommen Sie zahlreiche Anhaltspunkte, worauf Sie achten müssen, wenn sich eine ähnliche Entscheidung wiederholt.

Bei der Gestaltung Ihrer Checkliste müssen Sie keineswegs bei Ihren Vorerfahrungen „kleben" bleiben. Vielleicht haben Sie den Eindruck, dass Sie bestimmte Möglichkeiten nicht genutzt oder manches schlicht übersehen haben.

Selbstverständlich können Sie auch die Erfahrung Ihrer Kollegen, Freunde oder Feinde berücksichtigen.

Der größte Vorteil einer selbst gemachten Checkliste ist, dass Sie sie ganz auf Ihre Bedürfnisse zuschneiden können. Es versteht sich von selbst, dass die eigenen Checklisten nur sehr begrenzt einsetzbar sind, wenn Sie sich in ein vollkommen neues Gebiet einarbeiten wollen.

Das K.-o.-System

Diese Methode kommt nur dann in Betracht, wenn Sie aus einem unüberschaubaren Angebot gleichartiger Alternativen auswählen müssen. Egal, ob Sie ein Buch, eine Krankenversicherung oder den geeigneten Kandidaten für eine Gameshow aussuchen müssen: Das K.-o.-System kann Ihnen helfen, viel Zeit und Energie zu sparen.

Sie müssen wissen, was Sie nicht wollen

Das erste, was Sie benötigen, sind klare K.-o.-Kriterien. Beim Gameshow-Kandidaten könnten das sein: Alter, Aussehen, Unterhaltungswert, Wissen. Aus dem Stapel der Bewerbungen ziehen Sie eine heraus und überprüfen das Alter. Ist der Bewerber zu jung oder zu alt, brauchen Sie sich nicht weiter mit ihm zu befassen und wählen einen zweiten.

Nach und nach überprüfen Sie die Kriterien. Sobald eine Anforderung nicht erfüllt wird, lassen Sie die betreffende Alternative fallen. Die erste Option, die alle Anforderungen erfüllt, wählen Sie aus.

Auf die Reihenfolge kommt es an

Für einen erfolgreichen Entscheidungsprozess kommt es darauf an, Ihre Optionen möglichst sinnvoll organisiert zu filtern. Dabei ist es ganz entscheidend, in welcher Reihenfolge Sie die einzelnen Filter-Kriterien anordnen.

- Eine sinnvolle Reihenfolge kann sich aus dem Aufwand ergeben, der zur Überprüfung nötig ist. Je größer der Aufwand, desto später sollten Sie prüfen.
- Ein zweites Ordnungsprinzip kann sich daraus ergeben, wie „hart" oder „weich" die einzelnen Kriterien sind. Trennscharfe, harte Kriterien gehören eher an den Anfang.

  Beispiel

  Sie suchen einen Produktnamen für ein neues Haarshampoo. Es stehen zehn Namen zur Auswahl. Bevor Sie in schwierige Entscheidungsprozesse einsteigen, sollten Sie prüfen, ob Sie für das Produkt noch Markenschutz anmelden können. Ist der Markenname schon vergeben, hat sich die Diskussion erübrigt.
- Allgemeinere Kriterien wie Alter, Geschlecht sollten spezielleren vorausgehen.
- Schließlich kann das Objekt selbst eine gewisse Reihenfolge nahe legen (wie das Buchbeispiel, Seite 8).

Passen Sie Ihre Ansprüche an

Wie rigoros Sie das K.-o.-System handhaben sollten, hängt einerseits von der Strenge Ihrer Kriterien ab, andererseits von der Anzahl möglicher Alternativen. Vielleicht stellt sich heraus, dass Ihre Kriterien allzu anspruchsvoll waren und keine Alternative Ihre Anforderungen erfüllt. Vielleicht müssen Sie Kompromisse machen.

In solchen Fällen kann es sinnvoll sein, auf einer bestimmten Stufe verschiedene Entscheidungsmöglichkeiten gewissermaßen in Reserve zu behalten. Nämlich dann wenn sie ihren Anforderungen nur knapp nicht genügen, Sie aber nicht sicher sind, dass Sie in nächster Zeit eine bessere Alternative finden. Dann stellen Sie die betreffende Entscheidung zurück. Erst wenn Sie bis zu einem gewissen Zeitpunkt eine bessere Alternative finden, scheidet sie aus.

Buridans Esel

Der mittelalterliche Scholastiker Johannes Buridan hat uns das berühmte Gleichnis von dem Esel überliefert, der sich für keinen von zwei gleich großen Heuhaufen entscheiden konnte und deshalb verhungerte.

In manchen Situationen ergeht es uns ähnlich. Wenn es keine klar erkennbaren Präferenzen gibt, sind wir in unserer Entscheidungsfähigkeit blockiert. Wir streben nach Eindeutigkeit. Wo sie fehlt, tun wir uns schwer.

Das einzige, was uns dann retten kann, ist der Zufall. Aus der Spieltheorie wissen wir, dass es nicht selten die vernünftigste Lösung ist, eine Entscheidung auszuwürfeln, auch wenn wir uns innerlich dagegen sträuben, unsere Entscheidung dem Zufall zu überlassen. Schließlich wären auch wir beunruhigt, wenn wichtige Führungspersönlichkeiten mit dem Würfelbecher in der Hand ihre Entscheidungen träfen. Wo bleibt da die Entscheidungsfreiheit?

Holen Sie sich den Zufall zu Hilfe

Sie können sich zwischen Lösung A und Lösung B nicht entscheiden? Für beide gibt es gute Gründe; welche Lösung besser ist, wissen Sie allenfalls im Nachhinein. Dann werfen Sie doch einfach eine Münze: Liegt die Seite mit dem „Kopf" (oder dem Adler) oben, entscheiden Sie sich für Lösung A, zeigt die Zahl nach oben, ist Lösung B vorzuziehen.

Jetzt haben Sie ein Ergebnis. Der „Trick" besteht darin, dass Sie jetzt noch die Chance haben, sich doch für die unterlegene Lösung zu entscheiden. Tun Sie nichts, entscheidet eben die Münze.

Die Leistung dieser Entscheidungshilfe besteht darin, dass sie Eindeutigkeit herstellt. Dadurch geraten Sie unter Druck.

„EINEN AUGENBLICK NOCH, HERR DIREKTOR IST GERADE MITTEN IM ENTSCHEIDUNGSFINDUNGSPROZESS."

Plötzlich spüren Sie, dass die Münzentscheidung überhaupt nicht das ist, was Sie möchten. Also lassen Sie die Finger davon! Oder Sie finden die Entscheidung ganz in Ordnung. Dann sollten Sie sie akzeptieren.

Worst-case-Scenario

Das Worst-case-Scenario ist eine wichtige Hilfe bei allen Entscheidungen, die mit großer Unsicherheit und hohem Risiko verbunden sind. Im Prinzip handelt es sich um eine Variante des oben erwähnten Entscheidungsbaums – nur eben unter einer bestimmten Perspektive. Sie gehen von der aktuellen Situation aus, in der Sie eine Entscheidung treffen müssen. Die entscheidenden Einflüsse, die beteiligten Personen, die „Werte", um die es geht, all das müssen Sie zunächst einmal benennen.

Dann listen Sie Ihre Handlungsalternativen auf, spielen jede Möglichkeit gedanklich durch und überlegen, welche Folgen im schlimmsten Fall eintreten könnten.

Was leistet das Worst-case-Scenario?

- Sie werden auf mögliche Risiken aufmerksam, können Sie gegeneinander abwägen und vor allem über geeignete Gegenmaßnahmen nachdenken. Eine gewisse Gefahr liegt darin, dass eine Fixierung auf den „schlimmsten Fall" zu einem defensiven, risikoscheuen Denken verleitet.
- Diese Methode hat ihre Grenzen, denn wir sind kaum in der Lage, den „schlimmsten Fall" in allen Einzelheiten vorauszusehen. Insoweit kann das Worst-case-Scenario auch dazu führen, eine Scheinsicherheit zu bewirken. Wir glau-

ben, wir hätten rundum vorgesorgt, und sind hilflos, wenn es ganz anders kommt.

Das Schlimmste vermeiden

Mit dem Worst-case-Scenario wollen Sie herausfinden, welche Alternative die am wenigsten bedrohlichen Konsequenzen hätte. Darüber hinaus gibt es Aufschluss über mögliche Schwachstellen und Gefahren. Dies wiederum sollte Sie dazu führen Vorstellungen zu entwickeln, wie Sie sich schützen können. Sie müssen sehr komplexe Überlegungen anstellen und die unterschiedlichsten Faktoren im Auge behalten. Für eine angemessene Beurteilung sollten Sie auch die Fragen der folgenden Checkliste berücksichtigen.

Checkliste: Risikominimierung

Mit welcher Wahrscheinlichkeit tritt das Worst-case-Scenario ein? ______
Welche Gegenmaßnahmen können Sie ergreifen, um das Worst-case-Scenario zu verhindern oder die Auswirkungen abzumildern? ______
Wann müssten die Gegenmaßnahmen spätestens eingeleitet werden? ______
Welche Kosten würden sie verursachen? ______
Welche Folgen hätten die Gegenmaßnahmen? ______

Entscheiden Sie mit Netz und doppeltem Boden

Dem Konzept des Worst-case-Scenarios liegt die Überzeugung zugrunde, dass Sie besser entscheiden, wenn Sie sich mit dem „schlimmsten Fall" schon mal gedanklich auseinander gesetzt haben. Doch ob das wirklich so ist, dagegen gibt es einige Einwände:

- Ein echter „Worst-case" übersteigt bei weitem unser Vorstellungsvermögen. Wir rechnen eben nicht mit „dem Schlimmsten". Das gehört zu unserer geistigen Grundausstattung und ermöglicht uns überhaupt erst zu handeln.
- Ein echter „Worst-case" tritt faktisch kaum ein. Zumindest kaum so „wie geplant". Die Chancen sind minimal, dass wirklich „alles schief geht". Das Verzwickte ist ja, dass manches klappt, anderes aber schief läuft, womit wir nicht gerechnet haben. Wir können mehr oder minder plausible Hypothesen anstellen. Das ist alles.
- Die süßesten Früchte hängen hoch. Entsprechend muss jeder, der an sie heran will, ein hohes Risiko eingehen. Und das kann ja auch durchaus seinen Reiz haben. Ein Leben in ständiger Risikovermeidung ist demgegenüber fade. Die herausragenden Erfolge großer Unternehmensgründer basierten nicht selten auf Risikoentscheidungen.

Dennoch hat das Worst-case-Scenario seinen Sinn und seinen Wert. Es verhindert allzu leichtfertige Entscheidungen und kann dafür sorgen, dass wir verantwortungsbewusster entscheiden. Für hoch riskante Entscheidungen (z. B. Gentechnik, Bau und Betrieb von Atomkraftwerken) ist das Worst-case-Scenario absolut erforderlich.

Imaginationstechniken

Nicht bei jeder Entscheidung dürfen wir uns von der Situation mitreißen lassen, wir müssen uns distanzieren. Dies gilt besonders für Entscheidungen, die uns seelisch belasten oder gar Angst machen.

Hier können Imaginationstechniken helfen. Dabei entziehen Sie sich der belastenden Situation, indem Sie sich die Situation anders vorstellen. Was Sie sich dabei vorstellen, bleibt Ihren Vorlieben überlassen. Die Methode hilft Ihnen jedoch nur dann weiter, wenn Sie sich ganz auf Ihre Imagination einlassen. Es gibt viele Möglichkeiten, wie Sie dabei im Einzelnen vorgehen:

- Sie verschieben den zeitlichen Horizont. Sie stellen sich Ihre Situation in einem Jahr vor. Was könnte dann sein? Existiert Ihr Problem überhaupt noch? Versuchen Sie möglichst konkrete Vorstellungen zu entwickeln. Daraufhin verschieben Sie den Zeitrahmen nochmals: Was ist in zehn Jahren? In zwanzig Jahren?
- Stellen Sie sich vor, nicht Sie hätten Ihr Problem, sondern ein guter Freund oder eine gute Freundin. Was würden Sie ihr/ihm als Unbeteiligter raten?
- Sie können sich auch in die Situation Ihres Gegenspielers versetzen, wenn Sie denn einen haben. Wie sieht er die Sache? Was erwarten Sie an seiner Stelle? Was würden Sie tun?
- Stellen Sie sich vor, Sie seien eine Person, die Sie bewundern. Ganz gleich, ob Sokrates, Richard von Weizsäcker

oder Ihre Mutter. Was würde sie an Ihrer Stelle tun? Wie würde sie Ihr Problem lösen?

- Versetzen Sie die (belastende) Situation in einen völlig neuen Rahmen! Wie würde die Sache aussehen, wenn Sie im Kindergarten stattfände? Oder im Zoo? Erinnert Sie die Konstellation an irgendein Märchen mit Hexen, Feen, Königen und armen Aschenputteln?

Erwarten Sie nicht, dass Ihnen nun schlagartig klar wird, wie Sie zu entscheiden haben. Doch was diese Technik leistet, kann für Ihre Entscheidungsfindung sehr wertvoll sein: Sie bekommen Distanz, betrachten die Dinge aus einer anderen Perspektive, Ihr Kopf wird frei für neue Ideen.

Das kann außerordentlich befreiend wirken. In schwierigen Situationen wird Ihr Denken ja buchstäblich von Angst und Stress blockiert. Nun kann sozusagen „der Knoten platzen" und Sie finden eine neue Lösung. Oder Sie beurteilen die Dinge anders, werden gelassener und treffen nun ganz rational eine Entscheidung.

Entscheiden aus der Tiefe der Seele?

Noch einen Schritt weiter gehen meditative oder ideomotorische Verfahren. Dabei lassen Sie das konkrete Entscheidungsproblem vollkommen hinter sich, um frei zu werden für einen Zustand „reinen Denkens", der Sie dann befähigen soll, eine Entscheidung zu treffen. Im Falle der „ideomotorischen Verfahren" delegieren Sie die Entscheidung gar an Ihren Körper, etwa in dem Sinne: „Wenn die Entscheidung ‚Ja' lautet, hebe den kleinen Finger, bei ‚Nein' den Zeigerfinger der rechten Hand." Die Übergänge zur Esoterik und zum bloßen Hokuspokus sind fließend, doch sollten solche Techniken auch nicht vorschnell abgetan werden. Wenn sie Ihnen bei Ihrer Entscheidung helfen, können sie ihren Zweck durchaus erfüllen.

■ Vorsicht: Auch mit meditativen oder ideomotorischen Verfahren können Sie die Verantwortung für Ihre Entscheidung nicht abgeben, weder an Ihr Unbewusstes noch an Ihren Körper, den Mondkalender, den Stand der Sterne oder ein Computerprogramm. ■

Ein weiteres Problem: Solche Entscheidungen aus der Tiefe Ihrer Seele lassen sich Ihren Mitmenschen nicht vermitteln. Sie sind ihnen entrückt. Dadurch geraten diese Entscheidungen in die Nähe bloßer Willkür.

Eine Rückbindung an rationale Entscheidungsprozesse scheint unbedingt geraten. Oder hätten Sie bei einem Einstellungsgespräch ein gutes Gefühl, wenn Sie wüssten, dass der Personalchef anschließend sein Pendel kreisen lässt, um herauszufinden, ob Sie wirklich geeignet sind?

De Bonos Denkhüte

Streng genommen gehört diese Methode auch zu den Imaginationstechniken. Das besondere an dieser Technik: Die „Denkhüte" sind für Entscheidungen in der Gruppe außerordentlich gut geeignet.

Nehmen Sie verschiedene Blickwinkel ein

Wenn wir eine Entscheidungen treffen, nehmen wir meist einen ganz bestimmten Standpunkt ein. Wir sind vorsichtig oder tollkühn, kritisch oder phantasievoll, aufgeschlossen oder ängstlich. Dagegen ist gar nichts zu sagen, nur: Es schränkt uns ein. Deshalb haben wir manchmal im Nachhinein das Gefühl, wir seien zu zögerlich oder zu blauäugig gewesen. Oder wir hätten uns von einer bestimmten Stimmung mitreißen lassen.

Hier kann uns eine Methode weiterhelfen, die der Kreativitätsguru Edward de Bono entwickelt hat: Die so genannten „Denkhüte", die Sie dazu bringen sollen, Ihre Entscheidung aus verschiedenen Perspektiven zu durchdenken und dadurch zu einer besseren Entscheidung zu gelangen. Diese Methode ist auch für eine Entscheidungsfindung in der Gruppe geeignet. (Näheres finden Sie im TaschenGuide „Kreativitätstechniken").

Konkret geht es darum, dass Sie nacheinander bestimmte Positionen einnehmen. Sie setzen jeweils einen bestimmten „Denkhut" auf und müssen Ihre Entscheidung aus der vorgegebenen Perspektive beurteilen. Nicht selten werden Sie auf Argumente aufmerksam, die Sie sonst schlicht vergessen hätten. So können Sie Ihre Entscheidung auf eine möglichst breite Grundlage stellen.

Insgesamt gibt es sechs Hüte in verschiedenen Farben, von denen jeder für eine bestimmte Sicht der Dinge steht. Wenn Sie sich einen Denkhut aufsetzen, müssen Sie also aus der vorgegebenen Perspektive Ihre Entscheidung überdenken.

Der weiße Hut

Er steht für das weiße Blatt Papier. Es geht um Informationen und Tatsachen. Welche Informationen haben Sie? Welche brauchen Sie noch? Wie sind sie zu beschaffen? Parteinahme oder Wertung ist nicht erlaubt, wenn Sie den weißen „Hut" tragen. Sie sind zur Neutralität verpflichtet.

Der rote Hut

Er steht für Feuer und Wärme. Jetzt geht es um Ihre Gefühle, Ihre Intuition. Seien Sie „ganz spontan". Äußern Sie, was Ihnen gerade einfällt. Was spüren Sie? Wie ist Ihnen bei bestimmten Aspekten der Entscheidung zumute? Formulieren Sie „frei von der Leber weg". Gründe nennen Sie nicht.

Der schwarze Hut

Er steht für Kritik und Bedenken. Jetzt dürfen Sie mal richtig losmäkeln. Ihre Aufgabe ist es, Fehler zu verhindern, allzu hoch fliegende Pläne auszubremsen und Einwände vorzubringen, warum das alles nicht funktionieren kann.

Der gelbe Hut

Er steht für Sonnenschein. Seien Sie ganz optimistisch. Kümmern Sie sich um die Vorteile. Was wird alles geschehen, wenn Sie Erfolg haben? Lässt sich der Nutzen noch erhöhen? Wie?

Der grüne Hut

Er steht für Vegetation und Wachstum. Kümmern Sie sich um neue Ideen, seien Sie originell und entwickeln Sie weitere Alternativen. Sie sollen schöpferisch sein, können durchaus ein bisschen „herumspinnen" und bringen neue Gesichtspunkte in die Debatte. Mit einem Wort: Seien Sie kreativ.

Der blaue Hut

Er steht für den Himmel und die Vogelperspektive. Nehmen Sie einen übergeordneten Standpunkt ein. Seien Sie ganz objektiv. Sorgen Sie für Orientierung, setzen Sie Prioritäten, strukturieren Sie das Thema. Bei Gruppenentscheidungen sind Sie nun derjenige, der die Themen festlegt, über die diskutiert wird, der andere „Hüte" aufrufen kann, der die Diskussion zusammenfasst und Mitglieder zur Ordnung ruft. Kurz gesagt: Sie leiten die Sitzung.

Der Wechsel der Hüte

Sie können die Denkhüte entweder in einer vorher festgelegten Reihenfolge „abarbeiten" oder nach dem Zufallsprinzip auswählen, beispielsweise indem Sie sechs Karten in den jeweiligen Farben ziehen (lassen).

Wie Sie den Hutwechsel organisieren, müssen Sie vorher festlegen. Achten Sie aber darauf, dass der schwarze Hut nicht zu früh Ihre Gedanken oder Diskussion abwürgt. Bei einer Einzelentscheidung empfiehlt es sich, die Karten erst einzusetzen, wenn Sie zu einer gewissen Vorentscheidung gelangt sind.

Gruppenentscheidungen unter Denkhüten

Der Vorteil der Denkhüte bei einer Gruppenentscheidung: Es lassen sich Positionskämpfe und Konfrontationen verhindern, da alle Aussagen unter einem bestimmten „Hut" gemacht, also nicht den Teilnehmern zugeschrieben werden, die ihre Position verteidigen müssen oder sich durch Kritik persönlich angegriffen fühlen.

Die Denkhüte verlangen von den Teilnehmern, eine ganz bestimmte Rolle zu spielen. Wer meckert, ist nicht destruktiv und auch kein Spielverderber, sondern muss dies tun, weil er eben den „schwarzen Denkhut" trägt.

Die Einsatzmöglichkeiten der Denkhüte sind sehr variabel, Sie müssen nur daran denken, dass Sie zu Beginn die Spielregeln festlegen. Sonst riskieren Sie Konflikte.

- Sie können die Hüte (oder Karten) unter den Teilnehmern verteilen. Nach Gebrauch können die Hüte reihum weitergereicht werden. Jeder sollte mal im Besitz jeder Farbe gewesen sein.
- Sie können die Reihenfolge festlegen, in der die Teilnehmer die Hüte aufsetzen sollen.
- Sie können der gesamten Gruppe einen bestimmten Hut verordnen.
- Sie können jedem, der sich zu Wort meldet, freistellen, welchen Denkhut er aufsetzen möchte.

Wie kommen Sie zu einer Entscheidung?

Bevor eine Entscheidung fällt, sollten Sie unbedingt wieder zu einer „konventionellen" Diskussion zurückkehren. Sie sollten aber sicherstellen, dass alle Aspekte, die zur Sprache gekommen sind, erfasst werden und nichts unter den Tisch fällt.

■ Auch bei einer Einzelentscheidung müssen Sie dafür sorgen, dass Sie irgendwann das Rollenspiel aufgeben, die Argumente abwägen und zu einer Entscheidung kommen. ■

Entscheidungen in der Gruppe

Die meisten der beschriebenen Entscheidungstechniken lassen sich auch bei Gruppenentscheidungen sehr gut einsetzen. Egal ob Sie gemeinsam eine Entscheidungsmatrix (Seite 87) erarbeiten oder in der Gruppendiskussion die „Denkhüte" einsetzen. Die Gruppenmitglieder werden in den Entscheidungsprozess eingebunden, die Entscheidung wird transparent, nachvollziehbar und damit auch für den Einzelnen akzeptabler – ein ganz wesentlicher Punkt bei Gruppenentscheidungen. Denn ansonsten besteht die Gefahr, dass einzelne Mitglieder die Entscheidung gar nicht umsetzen.

Darüber hinaus sind bei Entscheidungen, die in der Gruppe getroffen werden, spezielle Einflüsse zu beachten. Das Problem der „verdeckten Ziele" haben wir bereits angesprochen (siehe Seite 15), doch kommen noch weitere Besonderheiten hinzu, die Sie kennen sollten, wenn Sie in einem Gremium oder in einem festen Team entscheiden müssen.

Gruppendynamik für Anfänger

Je stabiler eine Gruppe ist, um so stärker neigt sie dazu, ihre eigenen Normen, Denk- und Verhaltensweisen auszubilden. Abweichler werden auf Linie gebracht oder im schlimmsten

Fall ausgestoßen. In jeder Gruppe gibt es Mitglieder, die sehr starken Einfluss haben, und solche, auf die niemand hört, nahezu unabhängig davon, was sie sagen.

Insofern ist der Einfluss, den Sie auf eine Gruppenentscheidung nehmen können, zu einem hohen Grad vorgeprägt durch die Position, die Sie in dieser Gruppe haben. Vielleicht müssen Sie sich „richtig reinhängen", um sich Gehör zu verschaffen, oder geschickt taktieren. Vielleicht sind Sie auch in der glücklichen Position, dass Sie nur Ihren Standpunkt darlegen müssen – ehe alle übrigen Ihnen eifrig nickend zustimmen.

■ Wie viel Macht und Einfluss Sie in einer Gruppe haben, ist von vielen Faktoren abhängig. Beispielsweise von Ihrer Positionsmacht (als Chef oder Abteilungsleiter), von Ihrem Fachwissen (als Experte finden Sie eher Gehör) und von Ihrer Persönlichkeit (sind Sie dominant oder ordnen Sie sich unter?). ■

Wieso überhaupt Gruppenentscheidungen?

Wenn Entscheidungen in der Gruppe getroffen werden, so gibt es dafür meist einen der folgenden Gründe:

- *Selbststeuerung:* Alle Angelegenheiten, die die Gruppe als Ganzes betreffen, den Umgang ihrer Mitglieder untereinander, sollen auch von ihr entschieden werden. Beispiel: Darf während der Sitzung geraucht werden?
- *Zuständigkeit:* Die Gruppe besteht nicht zuletzt deshalb, um Entscheidungen dieser Art herbeizuführen. Sie fallen schlicht in ihren Verantwortungsbereich. Beispiel: Ein Be-

schwerdeausschuss entscheidet, ob die Klage eines Mitarbeiters berechtigt ist.

- *Bessere Nutzung der Ressourcen:* In einer Gruppe sind vielfältige Fähigkeiten und Kompetenzen versammelt, die genutzt werden sollen, um zu einer besseren Entscheidung zu kommen. Beispiel: Ein Projektteam berät über eine neue Produktlinie.
- *Einbindung aller Betroffenen:* Entscheidungen, die Konsequenzen für jeden Einzelnen haben, sollen auf eine möglichst breite Grundlage gestellt werden. Sie sollen durch eine Gruppenentscheidung legitimiert werden. Beispiel: Ein Mitarbeiterteam berät über neue Zeiterfassungssysteme.
- *Aufbau von Gegendruck:* Gegen eine Entscheidung „von oben" setzen sich die Betroffenen zur Wehr. Sie treffen eine Gegenentscheidung. Beispiel: Die Mitarbeiter verlangen, dass ihr Vorgesetzter nicht versetzt wird, und drohen geschlossen mit Arbeitsniederlegung.

Wie kommen Gruppenentscheidungen zustande?

Dem eigentlichen Entscheidungsakt geht immer ein mehr oder minder ausführlicher Gedankenaustausch voraus: Die Gruppenmitglieder bekommen relevante Informationen, sie bringen Argumente vor, formulieren Fragen, äußern ihren Standpunkt, geben Kommentare ab und drängen darauf, man möge doch endlich zu einer Entscheidung kommen.

Auf dieses „Vorgeplänkel" kommt es an. Hier fällt eigentlich schon die Entscheidung. Der Entscheidungsakt selbst, die „Abstimmung", ist in den meisten Fällen eine reine Formsache.

Wer legt die Fragestellung fest?

Welche Richtung die Diskussion nimmt, darauf hat bereits die Fragestellung einen großen Einfluss. Wer also entscheidet darüber, was entschieden werden muss? Wer formuliert es aus?

Hier können bereits die ersten Fallstricke gelegt sein. Zum Beispiel können Entscheidungen so formuliert sein, dass sie harmloser wirken als sie sind. Oder mögliche Alternativen fallen einfach unter den Tisch.

■ Natürlich sollten Sie hier nicht „das Gras wachsen" hören: Entscheidungen müssen vorstrukturiert werden; nicht jede Lösung, die Ihnen in den Sinn kommt, muss von Anfang an auf dem Tisch liegen. Sie können sie ja später selbst in die Debatte bringen. ■

Noch Fragen? – Ja bitte!

Nicht wenige Gruppenentscheidungen sollen möglichst schnell über die Bühne gezogen werden. Die Gruppe fungiert als bloße Legitimation für eine Entscheidung, die längst gefallen ist. Eine beliebte Methode, die Zustimmung der Gruppe zu bekommen: Zeitdruck aufbauen und die näheren Hintergründe des Problems im Unklaren lassen.

Manchmal werden Sie gar nicht umhin können, einfach Ihre Zustimmung zu erteilen. Sie können und sollten sich auch nicht in jedes Detailproblem einschalten. Ihre Zustimmung ist dann eine Sache des Vertrauens.

In anderen Fällen möchten Sie aber vielleicht gerne mitreden. Dann sollten Sie es nicht hinnehmen, wenn jemand versucht Sie mit unvollständigen Informationen abzuspeisen. Fragen Sie nach – so lange, bis Ihnen die Sachlage klar ist.

■ Bleibt Ihnen Ihr Gegenüber die Erklärung schuldig, sollten Sie darauf bestehen, keine Entscheidung treffen zu können. Denn um angemessen zu entscheiden, müssen Sie wissen, worum es geht. ■

„Jeder sagt einfach mal seine Meinung"

Nachdem klar geworden ist, worum es geht, ist üblicherweise die Diskussion eröffnet. Dabei gibt es in der Regel jemanden, der die Diskussion steuert. Entweder weil er ganz offiziell diese Funktion in der Gruppe wahrnimmt oder weil er sich die Freiheit nimmt, es zu tun.

Die meisten Diskussionen vor einer Entscheidung verlaufen unstrukturiert. Jeder, der etwas sagen will, meldet sich einfach zu Wort oder bekommt das Wort erteilt. Irgendwann (nicht selten nachdem sich das Gespräch mehrmals im Kreis gedreht hat) wird entschieden.

Ein solches Vorgehen hat einige Nachteile:

- Diskussionen können endlos werden. Einem Beteiligten fällt immer noch etwas ein, worauf ein anderer etwas zu erwidern hat; die anderen sitzen daneben und hören irgendwann nicht mehr hin.

- Die Machtverhältnisse in der Gruppe wirken sich „ungebremst" auf die Diskussion aus und können einer sachlichen Erörterung im Wege stehen.
- Nervensägen siegen: Unqualifizierte Bemerkungen, Wiederholungen, längere Auslassungen über ein sehr entferntes Thema sind kaum zu vermeiden.
- Wichtige Argumente bleiben in der Luft hängen, werden nicht systematisch erfasst. Es bleibt dem Zufall überlassen, ob sie später noch jemand aufgreift oder ob sie schlicht vergessen werden.
- Stille Mitarbeiter haben keinen Einfluss auf die Entscheidung. Dabei hätten vielleicht gerade sie die wesentlichen Dinge zum Thema zu sagen.

So wird Ihre Gruppenentscheidung effektiver

Gruppenentscheidungen sind im Berufsalltag zur Regel geworden. Umso wichtiger, dass Sie den Gefahren von Entscheidungen in der Gruppe entgegenwirken. Beachten Sie die folgenden Grundregeln – so können Sie die Effizienz des Entscheidungsprozesses steigern und die Qualität von Gruppenentscheidungen verbessern.

Die Redezeit begrenzen

Eine der einfachsten und effektivsten Maßnahmen, ein Ausufern der Diskussion zu verhindern: Begrenzen Sie die Redezeit. Auf eine Minute, auf zwei Minuten oder drei, und achten Sie darauf, dass diese Regelung strikt eingehalten wird. Von jedem.

Nachteil: Es gibt bestimmt Gruppenmitglieder, die etwas Wesentliches zu sagen haben – in vier Minuten. Vielfach wird es sinnvoll sein, vor der eigentlichen Diskussion den Hauptbetroffenen das Wort zu erteilen und ihnen etwas längere Redezeit einzuräumen.

Professionelle Moderation anbieten

Wenn jemand aus der Gruppe die Diskussion gut moderiert, ist dies die beste Voraussetzung für einen effektiven Gesprächsverlauf. Ein guter Moderator achtet auf die Einhaltung der Spielregeln und ist in der Lage, sich bei allen Gruppenmitgliedern Respekt zu verschaffen.

Endlosredner bringt er dazu, auf den Punkt zu kommen – oder zu schweigen, Abschweifungen oder unsachliche Äußerungen unterbindet er sofort. Er strukturiert die Diskussion; wichtige Argumente hält er fest. Er fasst den Stand der Diskussion immer wieder zusammen.

Auch kann er ausgesprochen mundfaule Gruppenmitglieder dazu bringen, sich zu äußern – wenn sie denn etwas zu sagen haben. Er selbst sollte in der Sache möglichst neutral sein, sonst besteht die Gefahr, dass sich einige Gruppenmitglieder benachteiligt fühlen. (Näheres dazu finden Sie im Taschen-Guide „Moderation".)

Flipcharts, Tafeln und Poster nutzen

Damit die wesentlichen Argumente nicht verloren gehen, ist es sehr nützlich, sie unmittelbar festzuhalten. Am besten so, dass sie für alle auf einen Blick zu erkennen sind. Deshalb sollte jemand aus der Gruppe die Argumente notieren – zum Beispiel auf einem Flipchart, einer Wandtafel oder einem Poster. Das erleichtert die Orientierung ungemein. Jeder weiß, wovon die Rede ist. Positiver Nebeneffekt: Unsachliche Abschweifungen oder Wiederholungen lassen sich mit Hinweis auf die Tafel leichter unterbinden.

Jeder darf mal – jeder soll mal

Um zu verhindern, dass die stilleren Gruppenmitglieder von der Entscheidung praktisch ausgeschlossen sind, gibt es eine Reihe von Maßnahmen, sie zum Sprechen zu bringen.
So kann der Moderator gezielt jemanden auffordern, sich zu äußern. Wenn die Größe der Gruppe überschaubar bleibt, ist es ein beliebtes Verfahren, dass reihum jeder Stellung nehmen soll. Auch diese Methode lässt sich noch weiter treiben, mit vorgeschriebener Mindestredezeit und einer Reihenfolge, die nach einem Zufallsverfahren ermittelt wird.

Im beruflichen Alltag besitzen diese gut gemeinten Verfahren der ausgleichenden Gerechtigkeit jedoch kaum eine Bedeutung und sind allenfalls bei Vorstellungsrunden oder auf Seminaren gebräuchlich. Dafür mag es zwei Gründe geben: Entscheidungen werden nicht wesentlich besser, wenn nun wirklich jeder seinen „Senf" beisteuern muss. Und die beargwöhnten Machtstrukturen in der Gruppe sind einer effektiven Entscheidung vielfach gar nicht hinderlich, sondern fördern sie nicht selten.

Die Machtverteilung in der Gruppe

Welche Entscheidung die Gruppe fällt, das bestimmen erst in zweiter Linie die Argumente. Viel wichtiger ist die Frage, wie sich die Macht in der Gruppe verteilt. Wer in der Gruppenhierarchie ganz oben steht, gegen den werden Sie kaum eine Entscheidung durchdrücken können – es sei denn, Sie stehen ebenfalls ganz oben.

In jeder Gruppe gibt es solche mehr oder minder offensichtlichen Hierarchien. Mit der Zeit bilden sie sich ganz von selbst aus. Nur in sehr locker organisierten Gruppen oder Gremien, in denen sich kein Zugehörigkeitsgefühl ausbilden kann, mag dies anders sein. Streng genommen kann man dann allerdings auch kaum mehr von Gruppen sprechen.

Die Gruppenhierarchie hat Vorteile

Es ist ein folgenschwerer Irrtum anzunehmen, hierarchische Strukturen in Gruppen seien undemokratisch und schädlich und müssten unbedingt „abgebaut" werden. Solche gut gemeinten Versuche schaffen nur neue, subtilere Hierarchien. Ganz abgesehen davon verkennen sie die große Leistung von Hierarchie: Sie strukturiert die Gruppe und die Kommunikation innerhalb der Gruppe. Anders gesagt: Sie macht Entscheidungsprozesse effektiver!

Dies ändert sich erst, wenn die Hierarchien „erstarren", wenn eine bestimmte „Hackordnung" mit Macht verteidigt und

Zwang ausgeübt wird. Dann wäre es Zeit, die Hierarchie wieder aufzulösen.

So setzen Sie sich in der Gruppe durch

Gehören auch Sie zu den Menschen, denen Entscheidungen in der Gruppe regelrecht verhasst sind? Sie haben den Eindruck, dass die Sache an Ihnen vorbeiläuft? Dabei können Sie einiges dafür tun, Ihre Interessen auch in der Gruppe durchzusetzen.

- Bereiten Sie sich gut auf wichtige Entscheidungen vor. Selten denken die Mitglieder einer Gruppe über eine anstehende Entscheidung schon im Voraus gründlich nach. Das kann Ihr Vorteil sein. Machen Sie sich die Mühe und bereiten Sie sich exzellent auf die Entscheidung vor. Versuchen Sie jedes mögliche Argument der Gegenseite zu widerlegen.
- Suchen Sie sich wichtige Verbündete.
  Vor jeder Entscheidung sollten Sie prüfen, wer Sie unterstützen könnte. Lassen sich bestimmte Interessen verbinden? Können Sie in einer anderen Sache helfen?
- Schlagen Sie nicht zu früh die Pflöcke ein!
  Erwarten Sie eine längere Diskussion, ist es taktisch unklug, sich zu früh festzulegen. Ihre Argumente wirken stärker, wenn Sie sie erst gegen Ende ausbreiten.
- Unterschätzen Sie niemals die Kraft eines guten Arguments.
  Auch wenn Ihre Position in der Gruppe ziemlich schwach ist: Manchmal überzeugt schlicht die Logik eines stichhal-

Stichwortverzeichnis